Astaf von Transehe-Roseneck

Die Reform der bäuerlichen Verhältnisse in Livland

1765 - 1804

Astaf von Transehe-Roseneck

Die Reform der bäuerlichen Verhältnisse in Livland
1765 - 1804

ISBN/EAN: 9783743420199

Hergestellt in Europa, USA, Kanada, Australien, Japan

Cover: Foto ©ninafisch / pixelio.de

Manufactured and distributed by brebook publishing software (www.brebook.com)

Astaf von Transehe-Roseneck

Die Reform der bäuerlichen Verhältnisse in Livland

DIE REFORM

DER

BÄUERLICHEN VERHÄLTNISSE

IN LIVLAND

1765–1804.

INAUGURAL-DISSERTATION

ZUR ERLANGUNG DER

STAATSWISSENSCHAFTLICHEN DOKTORWÜRDE

EINGEREICHT BEI DER

RECHTS- UND STAATSWISSENSCHAFTLICHEN FAKULTÄT

DER

KAISER-WILHELMS-UNIVERSITÄT STRASSBURG

VON

ASTAF VON TRANSEHE-ROSENECK

AUS LIVLAND.

STRASSBURG.
VERLAG VON KARL J. TRÜBNER.
1890.

VORWORT.

Die vorliegende Dissertation, eingereicht am 25. Jan. 1890, umfasst die beiden letzten Kapitel einer grösseren Arbeit „Gutsherr und Bauer in Livland im 17. und 18. Jahrhundert," erschienen in den „Abhandlungen aus dem staatswissenschaftlichen Seminar zu Strassburg i. E.", herausgegeben von G. F. Knapp. Heft VII. Bei Karl J. Trübner, Strassburg 1890.

DER LANDTAG VON 1765. SEINE BESTIMMUNGEN UND FOLGEN.

§ 1.

DER LANDTAG VON 1765. — DIE WIRTHSCHAFTLICHEN VERHÄLTNISSE IM LETZTEN DRITTEL DES XVIII. JAHRHUNDERTS.

Wie wir im vorigen Kapitel gesehen haben, bereitete sich 1764 eine Bewegung im Lande zu Gunsten der Bauern vor, als deren intellektueller Urheber Baron Schoultz anzusehen ist. — Sein in diesem Jahre erschienenes Bauerrecht erregte allgemeines Aufsehen, sowohl in gutsherrlichen als bäuerlichen Kreisen. Ob die Ansichten des Frh. von Schoultz — wenn auch nur allmählig — die herrschenden im Kreise seiner Standesgenossen geworden wären, lässt sich nicht sagen, jedenfalls wäre dies nicht unmöglich gewesen, wenn nicht ein Umstand eingetreten wäre, welcher eine starke Reaktion hervorrief. Oben ist bereits angedeutet worden, dass die Veröffentlichung des Ascheraden-Römershofschen Bauerrechtes ohne ritterschaftliche Autorisation aus verschiedenen Gründen als Missgriff zu betrachten ist. Dieser Umstand, sowie das Misstrauen der Ritterschaft, hervorgerufen durch pseudo-liberale Umtriebe bei Hofe, hatten der Reaktion den Boden geebnet, abgesehen davon, dass bei dem grössten Theile der Gutsherrn (besonders in den estnischen Kreisen) der reformatorische Gedanke überhaupt keine Wurzeln geschlagen hatte. Es fehlte nur noch, dass die Regierung sich in die Agrargesetzgebung des Landes mischte; dieses geschah, und damit war der Sieg der reaktionären Partei entschieden.

1764 hatte die Kaiserin Katharina II. eine Reise durch Livland gemacht. Bereits vorbereitet durch die obenerwähnten Darstellungen eines Eisen und Link, sowie auf Bitten verschiedener livländischer Edelleute [2], liess sich die grosse Freundin der französischen Freigeister leicht dazu bewegen, auf die Verbesserung der bäuerlichen Zustände ihr Augenmerk zu richten. Der General-Gouverneur von Livland, Graf Browne [3], erhielt den Befehl, dem Landtage von 1765 in diesem Sinne eine Reihe von Vorschlägen zu machen.

Mitte Januar 1765 wurde der Landtag eröffnet. Gemäss dem Gebrauche begab sich die Ritterschaft unter Vorantritt des Landmarschalls [4] auf das Schloss, um dem General-Gouverneur den Landtagsbeginn anzuzeigen. Hier eröffnete Graf Browne dem Landmarschall, dass Klagen über die harte Behandlung der Bauern bis an den Thron gedrungen seien und die Regierung genöthigt habe, dem versammelten Adel deswegen einige Propositionen vorzulegen.

Von den 11 Propositionspunkten [5] des Grafen Browne kommen hier in erster Linie nur zwei in Betracht: die Punkte

[1] Vgl. J. Eckardt, Livland im 18. Jahrh. pg. 303.
[2] Vgl. J. Eckardt, Landtagsgesch. Balt. Monatsschrift. 1869. pg. 446. — v. Samson, Histor. Versuch. pg. 48, Anm.
[3] Graf Browne, geb. 1698 zu Limmerik (Irland), trat 1730 in russische Dienste, nahm unter Münnich und Keith an den Türkenkriegen Theil, ebenso am siebenjährigen Kriege. Bei Zorndorf wurde er gefährlich am Schädel verwundet, was ihn in späteren Zeiten zeitweilig unzurechnungsfähig machte. 1762-1792 war er General-Gouverneur von Livland. † 18. Sept. 1792. Vgl. J. Eckardt, Livl. im 18. Jahrh. pg. 301.
[4] von Budberg.
[5] Die Browne'schen Propositions-Punkte sind folgende: I. Kirche und Schulen. II. Regulirung der Proviantlieferungen an die Truppen. III. Besserung der bäuerl. Zustände. IV. Landpolizei. V. Erhaltung der Wege. VI. Erhöhung der Branntweinsteuer. VII. Einschränkung des Bauerverkaufs. VIII. Anstellung von Chirurgen. IX. Forst- und Waldwirthschaft. X. Anlegung von Getreide-Magazinen. XI. Post-Stationen.

III, enthaltend die Besserung der bäuerlichen Zustände im Allgemeinen, und VII, betreffend den Verkauf von Bauern; die übrigen Punkte sind entweder rein administrativer Natur oder decken sich mit den Deliberatorien des Landrathskollegiums.[1]

Der Eindruck dieses Vorgehens der Regierung auf die Ritterschaft war ein ungemein starker.[2] Der Adel, welcher in den vierziger Jahren den Abschluss seiner inneren Organisation durch Errichtung einer Adels-Matrikel vollendet hatte,[3] hielt zähe fest an seinen Privilegien und Rechten gegenüber Jedermann.[4] Die Regierung mischte sich principiell nicht in Sachen, welche in das Selfgovernment des Adels gehörten; namentlich in seiner Machtbefugniss gegenüber den Bauern war der Adel stets unangetastet geblieben.

Die Browne'schen Propositionen erregten in Folge dessen beim Adel äusserst peinliche Gefühle. Man war unzufrieden und von vorneherein entschlossen, möglichst wenig Nachgiebigkeit zu zeigen. Diese Voreingenommenheit zeigt sich namentlich bei der Behandlung des Propositionspunktes III. Derselbe schloss 3 Forderungen in sich:[5]

1. Festsetzung eines bäuerlichen Eigenthumes,
2. Normirung der bäuerlichen Leistungen,
3. Einschränkung der Hauszucht.

---

[1] Punkte I. X. XI.
[2] Livl. 18. Jahrh. pgg. 316 u. 338.
[3] Die erste Errichtung einer Ritterbank fällt in die Mitte des 17. Jahrhunderts, doch war die Ritterschaft in ihrer korporativen Gestaltung 1694 aufgelöst worden und erst 1710 während der Belagerung Riga's wieder zusammengetreten. Der Landtag von 1728 (29. März) suchte die Erlaubniss zu der Errichtung einer Matrikel nach; diese erfolgte am 22. Aug. 1729. Es wurde eine Matrikel-Kommission eingesetzt, welche 1733 ihre Arbeiten begann und 1747 abschloss. 172 Geschlechter bildeten die Ritterschaft. Von dem Jahre 1747 an ergänzte sich die Ritterschaft durch Kooptation. Vgl. oben pgg. 47 und 106. — Ferner: Geschichtl. Uebersicht der Grundlagen etc. des Provinzial-Rechtes etc. a. a. O. II. pgg. 116 ff. u. 123 ff.
[4] Vgl. Diederichs „Garlieb Merkel etc." Balt. Mon. 1870. pg. 40.
[5] Ueber die Antworten der Ritterschaft auf die einzelnen Vorwürfe der Regierung, vgl. die Anmerkungen in Kap. 11.

Die Ritterschaft war anfangs Willens, jede Regelung der Bauerverhältnisse abzulehnen und sich bloss durch gegenseitig gegebenes Ehrenwort zu verpflichten, ihren Grundsätzen und Gewohnheiten gemäss zu handeln „und dadurch ihre Bauerschaft in unverändertem Wohlstande zu erhalten."[1] An den Berathungen über den Propositionspunkt III hatte sich Baron Schoultz nicht direkt betheiligt, indem er darauf hinwies, dass seine Ansichten über die Bauerfrage in dem Ascheraden-Römershof'schen Bauerrechte genugsam begründet seien. Erst, als er von der Ritterschaft durch einige Deputirte aufgefordert wurde, seine Meinung über die Reformen zu äussern, that er dieses vor versammeltem Hause. Baron Schoultz behauptet, dass die Details seines Bauerrechts allerdings für ganz Livland nicht anwendbar seien, dass er es aber für nothwendig halte, den Bauern festes Eigenthum und gemessene Pflichten zu gewähren; als Gründe dafür führt er Humanität, wirthschaftlichen Nutzen und Nothwendigkeit an. Die Kaiserin sei sehr erzürnt über die schlechten Nachrichten, welche ihr von dem Zustande der Bauern hinterbracht seien; die gutsherrliche Gewalt wäre vielleicht durch einen Ukas aufgehoben worden, wenn nicht der General-Gouverneur versprochen hätte, dass die Ritterschaft selbst hierin Massregeln treffen würde; ferner sei neulich eine Beschreibung der livländischen Leibeigenschaft in äusserst schwarzen Farben erschienen, welche grosses Aufsehen verursacht hätte.[2] Alles in Allem rathe er dringend, dass der Adel von sich aus Verordnungen betreffs der Bauern erlasse.

Die Ansichten und Vorschläge des Freiherrn von Schoultz blieben bei der Voreingenommenheit des Adels ohne Wirkung, wenngleich ihr Einfluss auf die später gefassten Beschlüsse wohl unverkennbar ist. Es wäre vielleicht bei der ersten Dekla-

---

[1] Landtags-Recess 1765. — v. Samson, Versuch etc. pg. 71. — Diedrichs a. a. O. pg. 42. -- J. Eckardt, Livl. im 18. Jahrh. pg. 323.

[2] „Eines livländischen Patrioten Beschreibung der Leibeigenschaft, wie solche in Livland über die Bauern eingeführt ist." Abgedruckt in Müller's Sammlung russ. Gesch. Theil I. neuere Auflage. Offenbach a/M. bei Ulr. Weiss. 1777. pg. 1—33. Der Verfasser ist Eisen v. Schwarzenberg, Pastor zu Torma.

ration der Ritterschaft geblieben, falls Graf Browne nicht noch einmal in den Gang der Verhandlungen eingegriffen und nachdrücklich darauf hingewiesen hätte, dass der Propositionspunkt III ein direkter Ausfluss der Willensmeinung Ihrer Majestät sei. Er — Graf Browne — könne unmöglich die Deklaration der Ritterschaft in ihrer jetzigen Fassung Ihrer Majestät vorlegen, die Ritterschaft könne sich gefasst darauf machen, dass im Falle der Weigerung ein Regierungsgesetz die Bauerverhältnisse regeln würde.

Diese moralischen Daumschrauben halfen und der Landtag setzte nun folgende Bestimmungen fest:

1. Der Bauer kann Eigenthum erwerben, und zwar an beweglicher Habe nach Ableistung seiner Praestanden und Schulden an den Gutsherrn und mit Ausnahme des sogenannten eisernen Inventars. Er hat freie Disposition über sein Eigenthum, steht aber unter der Vormundschaft seines Herrn, welcher auch beim Verkaufe der Habe Einspruch erheben kann und das Näherrecht besitzt.[1]

2. Die Leistungen der Bauern an ihre Gutsherrn sollen gemessen sein. Zu diesem Zwecke hat ein jeder Gutsherr ein Verzeichniss der Leistungen seiner Bauern einzuschicken, welches fortan als Norm dienen soll. Verlangt der Gutsherr von seinen Bauern Leistungen, welche ausserhalb dieser Norm stehen, so muss er dieselben nach einer gewissen Taxe entschädigen.[2]

3. Die Hauszucht soll mit Mass angewandt werden.[3]

4. Der Bauer erhält ein Klagerecht gegenüber seinem Herrn beim Ordnungsgerichte, mit folgenden Einschränkungen: Die Klage kann nur mündlich eingereicht werden; es darf nie mehr wie ein Bauer von einem Gute zu gleicher Zeit klagen, um Aufruhr zu verhüten; der Bauer kann nur klagen, wenn er zuvor die Befehle und Aufträge seines Herrn erfüllt hat.[4]

---

[1] Vgl. Landtags-Schluss v. 1765. Punkt 1, 2 u. 3.
[2] ibid. Punkt 4, 5 u. 6.
[3] ibid. Punkt 7 u. 8.
[4] ibid. Punkt 9, 10, 11, 12 u. 13.

Falsche Klagen werden streng bestraft [1], dagegen sind auch die Strafen für Vergehen der Gutsherrn ihren Bauern gegenüber verhältnissmässig hoch.[2]

Ferner wird in Betreff des Verkaufes von Bauern (Proposition VII) festgesetzt, dass der Verkauf an und für sich erlaubt ist, aber folgende Ausnahmen zu beobachten sind: Der Verkauf von Bauern auf dem Markte und über die Landesgrenze ist verboten. Uebertretung des Verbotes wird mit 200 Rthlr. Strafe belegt; ebenso ist die Trennung von Eheleuten streng untersagt und wird mit 400 Rthlr. bestraft.

Interessant und sehr bezeichnend für den Zeitgeist ist bei den Verhandlungen des Landtags von 1765 der Umstand, dass dieselbe Ritterschaft, welche sich gegenüber einer Verbesserung der bäuerlichen Lage in juristischer und materieller Hinsicht so ablehnend verhielt, von sich aus die umfassendsten Massregeln ergriff, um den Bauernstand moralisch und intellektuell zu heben. Zu diesem Zwecke wurde eine eingehende und gründliche Schul-Ordnung eingeführt und der Unterricht für obligatorisch erklärt.[3]

Wie sehr — abgesehen von den Schulordnungen — die Bauerverordnung von 1765 den Charakter der moralischen Pression trägt, beweisen die Verhandlungen der Ritterschaft mit ihrem Vertreter in Moskau, Landrath Baron Ungern-Sternberg, vom Jahre 1767. In diesem Jahre ist in Moskau

---

[1] Das erste Mal mit 10, das zweite Mal mit 20 Paar Ruthen, das dritte Mal mit Festungsarbeit auf 1 Jahr. Vgl. Landtags-Schluss von 1765. Punkt 12.

[2] Das erste Mal 30, das zweite Mal 60, das dritte Mal 120 Rthlr. Strafe, das vierte Mal Uebergabe an den Staatsanwalt (actor officiosus). ibid. Punkt 9.

[3] Es sind drei Arten von Unterricht, gemäss dem Landtags-Schlusse von 1765, zu unterscheiden: 1) Häuslicher Unterricht, unter Aufsicht des Pastors. 2) Bauer- oder sog. Hausschulen. Die Gutsherrn von Gütern von fünf oder mehr Haken haben für die Kinder ihres Gebiets solche einzurichten. Alle acht Tage sollen besondere bäuerliche Beamte, die „Kirchen-Vormünder", diese Schulen visitiren, ebenso die Pastoren alle vier Wochen. 3) Kirchspiels-Schulen für die Schüler, welche die Hausschulen absolvirt haben. Allgemeiner Schulzwang: von Martini bis Ostern.

die Reichs-Gesetz-Kommission damit beschäftigt, die Vorrechte der Stände (Adel, Bürger und Bauern) festzustellen. Die Ritterschaft eröffnet am 6. Oktober dem Landrath v. Ungern, welcher bei dieser Kommission angestellt ist, ihre Bedenken, „dass, da die Bauern bisher weder im ganzen Reiche, noch viel weniger in Livland, einen besonderen Stand ausgemacht, — welches auch, da sie weder ein persönliches noch reelles Eigenthum[1] besässen, nie stattfinden könne — man wegen der ihnen zuzulegenden Vorrechte sehr unruhig wäre." Man empfiehlt diese Angelegenheit der besonderen Wachsamkeit des Landraths v. Ungern, der seinerseits erwiedert, dass kein Grund zu derartigen Besorgnissen vorhanden sei.[2] Ferner konstatirt der Landmarschall Baron Budberg, dass die Beschlüsse von 1765 durchaus nachtheilig für das Land seien und nächstens aufgehoben werden müssten; v. Ungern solle betonen, dass die Bauern in Livland keinen Landstand ausmachten und mit keinen anderen Privilegien versehen seien, als mit solchen, die der Landtag ihnen verleihe.[3]

Der reelle Werth der Bauerverordnungen war demgemäss gering, auch die Thatsachen der Folgezeit bestätigen dieses. Auf dem Landtage von 1777 schlägt Graf Browne der Ritterschaft vor, sie möge zur Beseitigung der vielfachen Bauernunruhen auf Erfüllung der Bestimmungen von 1765 sehen, und die Ritterschaft giebt zu, dass diese Bestimmungen vielfach „hintenangesetzt" worden sind, und verspricht gegen die Uebertreter derselben streng vorzugehen.[4]

Grösser als der reelle, war der moralische Werth des Landtags-Schlusses von 1765. Die Ritterschaft erkannte an, dass die bäuerlichen Verhältnisse einer Besserung bedürftig

---

[1] soll wohl heissen: Grundeigenthum, denn der Besitz von Mobilien ist den Bauern durch die Verordnung von 1765 noch besonders bestätigt worden.
[2] Residir-Recess. 1767. Vol. XIV. pgg. 456, 459.
[3] ibid. pgg. 462—64.
[4] Landtags-Recess vom 13. Juli 1777. Vol. XVI. pgg. 15—17. und „ „ „ 19. „ „ „ „ 52—55. Vgl. Merkel, „Die freien Letten und Esthen." pg. 155. Ferner: J. Eckard. „Zur livl. Landtagsgeschichte." Balt. Monatsschr. 1869. pg. 450.

seien. Bis dahin existirte überhaupt keine Norm, an welche sich der einzelne Gutsherr in den Beziehungen zu seinen Erbbauern zu halten hatte,[1] die Ritterschaft stellte — wenigstens in der Theorie — solche Normen auf. Wenngleich in der Folgezeit der Gedanke der bäuerlichen Emancipation sich nicht weiter entwickelte, so glühte der Funke, der in diesem Jahre angefacht war, unter der Asche fort, um ein Menschenalter darauf in helle Flammen auszubrechen.

Seitdem 1777 die Bauerverhältnisse wieder, wenn auch nur oberflächlich, zur Sprache gekommen waren, ist von ihnen in den nächsten anderthalb Decennien fast gar nicht die Rede. Ritterschaft und Krone sind eifrig mit den Verhandlungen wegen Einführung der Statthalterschafts-Verfassung[2] beschäftigt, andererseits ist zwischen Ritterschaft und Landschaft ein ständischer Streit entbrannt, welcher das vorherrschende Interesse in Anspruch nimmt;[3] höchstens kommen auf den Landtagen Schul- und Armenfragen zur Sprache.[4]

Die gutsherrlich-bäuerlichen Verhältnisse in der zweiten Hälfte des 18. Jahrhunderts entwickelten sich den oben geschilderten Zuständen entsprechend bis in die neunziger Jahre nur sehr unvollkommen und langsam.

―――

[1] Natürlich mit Ausnahme der Schranken, welche ihm einerseits das Strafgesetzbuch und andererseits die socialen Anschauungen seiner Standesgenossen zogen.

[2] d. 3. Juli 1783 eingeführt durch Katharina II.

[3] Die Scheidung zwischen Ritterschaft und Landschaft findet erst nach der Abfassung der Adelsmatrikel statt. Bis 1747 verstand man unter Ritter- und Landschaft die Ritterchaft als solche, den indigenen Adel. Erst nach 1747 bildet sich der Begriff Landschaft für die nicht zu dem Korps der Ritterschaft gehörenden Gutsbesitzer aus. Man nannte diese Gutsbesitzer, einerlei ob sie adeligen oder nichtadeligen Standes waren, „Landsassen" („Herren Possessores, welche mit Erbgütern angesessen sind und nicht zum Korps der Ritterschaft gehören"). Vgl. Geschichtl. Uebersicht etc. der Grundlagen etc. a. a. O. II. pg. 127.

[4] Auf den Landtagen von 1783 u. 1785.

Was zuerst die rechtliche Natur der Rittergüter betrifft, so war hierin eine wichtige Wandlung vor sich gegangen und eine drohende Krisis glücklich abgewandt worden. Wie wir wissen, wurden die von der Krone Schweden reducirten Güter dem Adel in den zwanziger Jahren restituirt. Die Restitutionskommission verfuhr dabei mehr den Gesetzen des Gerechtigkeitsgefühls, als des strengen Rechts entsprechend. Die Entscheidungen derselben waren nicht immer richtig, oft zu günstig, namentlich in Bezug auf die Besitz-Titel.[1]

Oben ist angeführt worden, dass der grösste Theil der livländischen Güter nicht Allodia, sondern Lehen, meist Mannlehen, waren, deren Uebergang aus der Hand eines Besitzers in die eines andern der Bestätigung des Lehnsherrn bedurfte.[2] Diese Thatsache war, theils durch die nachlässige Behandlung der Rechtstitel durch die Restitutions-Kommission, theils durch andere Umstände, allmählich so sehr in Vergessenheit gerathen, dass in Livland sämmtliche Güter wie Allodia behandelt wurden.[3] Erst in der zweiten Hälfte des Jahrhunderts wendet die Regierung diesem Umstande ihr Augenmerk zu; die Besitzer von Privatgütern werden aufgefordert, ihre Besitz-Titel anzugeben.[4] Schliesslich wird verboten, Mannlehengüter ohne kaiserliche Resolution zu veräussern.[5] In Folge dessen tritt ein allgemeines Gefühl der Unsicherheit im Besitze ein. Man sprach davon, dass die Regierung beabsichtige, sämmtliche veräusserte Mannlehen einzuziehen, zwei Fälle, in denen die Regierung in diesem Sinne einschritt, bestätigten diese Be-

---

[1] Vgl. A. W. Hupel, „Die gegenwärtige Verfassung der Rigischen und Revalschen Statthalterschaft." Riga 1789. pg. 55. Ferner: Hupel, Nord. Miscel. a. a. O. pg. 112.

[2] Vgl. oben. pg. 7 ff. u. pg. 47 ff.

[3] Vgl. A. W. Hupel, Topographische Nachrichten von Lief- und Ehstland. I. Bd. Riga 1774. pg. 498.

[4] Gen.-Gouvern.-Patente v. 19. Sept. 1761 und 12. Oktober 1766. (Gedruckte Pat. pgg. 201, 202.)

[5] Gen.-Gouv.-Pat. v. 11. Febr. 1777 (Gedr. Pat. pg. 204) oder Ukas vom 14. Febr., public. 22. Febr. 1777. (Vgl. Hupel, Statthalterschaft. pg. 307.) Vgl. Fr. Bienemann, „Die statthalterschaftl. Zeit." Balt. Monatsschr. 1883. pg. 307.

fürchtung.[1] Zum Glücke für das Land wiederholte sich der Fall der Güter-Reduktionen durch den Staat nicht — am 3. Mai 1783 erklärte Katharina II. durch einen Ukas sämmtliche Mannlehengüter in Livland für allodial.[2] Auch in wirthschaftlicher Hinsicht ging gegen den Ausgang des Jahrhunderts mit den Gütern eine Aenderung vor. Die Ansprüche der Gutsherrn an das Leben waren durch zunehmenden Wohlstand, häufige Berührung mit der Residenz, Reisen im Auslande, sowie durch das immer mehr zunehmende Studium der jungen Generation in Deutschland[3], gewachsen. Um diesen Ansprüchen gerecht zu werden, musste man den Ertrag der Landgüter steigern.[4] Bei der herrschenden durchaus extensiven Landwirthschaft konnte dieses nur durch einen vermehrten Raubbau geschehen.

Alle die Nachtheile der oben[5] geschilderten Wirthschaftsmethode traten nun noch greller hervor. In erster Linie kam es auf eine Vermehrung des Korn-Ertrages an; dieses geschah durch Vergrösserung der Felder auf Kosten des Waldes und der Düngung. Das bequemste und beliebteste Mittel, um zu schnellem Gewinne zu gelangen, war der Branntweinbrand und die damit zusammenhängenden Betriebe, wie z. B. das Halten von Mastvieh.

Wir haben oben gesehen, dass schon um die Mitte des 18. Jahrhunderts der Branntweinbrand grosse Ausdehnung gewonnen hatte, jetzt wurde er allgemein, unterstützt durch die neueren Entdeckungen auf chemischem und technologischem Gebiete, sowie durch den vermehrten Absatz nach

---

[1] Sallentack (Kreis Pernau, Kirchspiel St. Jacobi) 10. Mai 1772 u. Fehtenhof (Kreis Dorpat, Kirchspiel Eecks) 1779. Vgl. v. Stryk, Gütergeschichte. I. pg. 309 u. 61. Vgl. Hupel, Statthaltersch. pg. 70. und Hupel, Nord. Miscel. a. a. O. pgg. 123 ff. u. 126 ff.
[2] Vgl. gedr. Patente. pg. 204. Ferner: Hupel, Statthalterschaft, pg. 72. und Hupel Nord. Miscel. a. a. O. pg. 130. u. Bienemann, Balt. Monatsschr. 1883. pg. 306 ff.
[3] Vgl. H. J. Böthführ, „Die Livländer auf auswärtigen Universitäten in vergangenen Jahrhunderten." I. Serie. Riga 1884 und J. Eckard, Livl. im 18. Jahrh.
[4] Vgl. Hueck, a. a. O. pg. 110.
[5] Vgl. oben pg. 132 ff.

Russland, Schweden und im Lande selbst.[1] Besonders reizte aber wohl der Umstand, dass die Betriebskosten anscheinend so sehr gering im Vergleiche zu den Einnahmen waren. — Nach einmaliger Einrichtung der Branntweinsküche, die nur auf den grösseren Gütern mit einem gewissen soliden Luxus, sonst aber ziemlich primitiv hergestellt wurde, waren die Betriebskosten — in Geld ausgedrückt — verschwindend klein; die Arbeit wurde von den Frohnbauern an Stelle ihrer Arbeitstage geleistet[2], das Holz aus den gutsherrlichen Wäldern geliefert, beides: Arbeitskraft und Holz, hatte in den Augen der Landwirthe jener Zeit wenig Werth, namentlich wurden die Wälder ungemein deterriorirt,[3] theils um Rodungen zur Vermehrung der Felder vorzunehmen, theils um das nöthige Brennmaterial zu beschaffen. Ein zweites wichtiges Motiv zur Beförderung des Branntweinbrandes war der gänzliche Mangel einer Akcise oder sonstigen Abgabe an die Krone.[4]

Allmälig hatte fast ein jedes Gut seine Branntweinsküche. Die Schriftsteller jener Zeit geben uns interessante Notizen über diesen Betrieb. Nach Hupel brennt manches kleine Gut von 6 Haken täglich 1 Fass Spiritus; v. Böttiger[5] schildert den Branntweinsbrand auf einem Gute von $8^3/_8$ Haken. Bei 4 Arbeitern beträgt die Produktion hier in 7 Monaten 210 Fass, also pro Tag 1 Fass Branntwein. Nach Friebe[6] betrug 1794 die Quantität des in Livland erzeugten Branntweines annähernd 400000 Fass, was einen Werth von ca. 7 Millionen 200000 Rbl. repräsentirte.

Entsprechend der Herrschaft des Branntwein-Betriebes richtete sich die ganze Wirthschafts-Methode der Güter darnach, und was noch wichtiger ist, auch die Güterpreise wurden vollständig von diesem Betriebe abhängig. Die durch den

---

[1] Vgl. Hueck a. a. O. p. 112.
[2] Vgl. Jannau, Sklaverey etc. pg. 164.
[3] Vgl. W. A. Hupel, „An das Lief- u. Ehstländische Publikum." 1772. pg 146. und Hupel, Nord. Miscell. a. a. O. pg. 244.
[4] Vgl. Hupel, Topograph. Nachrichten. II. 1777. pg. 311 und Hupel, Nord. Miscel. a. a. O. pg. 276 ff
[5] A. v. B—r. „Der lief- und ehstländische Bauer ist nicht der so gedrückte Sklave, für den man ihn hält." Dorpat 1786. pg. 21.
[6] W. G. Friebe, „Physik.-ökon.-statist. Bemerkungen v. Livland und Ehstland." Riga 1794. pgg. 181, 184.

Raubbau erzielten grossen Revenuen verursachten ein unnatürliches Steigen der Güterpreise.[1] 1761—70 betrug der Durchschnittspreis pro Haken: 2921 Rbl. Silb., 1796—1800: 6257 Rbl. S., und stieg 1801—1805 auf 6917, ja 1806-1810 sogar auf 7400 Rbl.[2] Durch diese Verhältnisse tritt ein noch bedeutenderes Schwanken des Besitzes ein, als dieses schon früher der Fall war.[3] Es ist natürlich, dass dieser Umstand auch einen Einfluss auf die bäuerlichen Zustände, und zwar im schlechten Sinne, haben musste.

§ 2.
EINWIRKUNGEN DES LANDTAGSSCHLUSSES VON 1765 AUF BESITZ, LEISTUNGEN UND PERSON DES BAUERS.

Bevor ich eine Schilderung der bäuerlichen Zustände versuche, will ich die Gliederung der bäuerlichen Bevölkerung darstellen, wie sie uns im 18. Jahrhundert entgegentritt. Auf dieselbe ist in den vorhergehenden Theilen dieser Arbeit schon mehrfach hingewiesen,[4] doch scheint es jetzt nöthig zu sein, dieselbe genauer zu fixiren, weil in der späteren Agrargesetzgebung dieselbe auch in juristischem Sinne in Betracht gezogen wird.[5]

Für's Erste findet zwischen den einzelnen bäuerlichen Klassen keine juristische Scheidung statt, dieselbe ist vielmehr rein social. Man kann drei Hauptklassen Höriger unterscheiden:
1. Die Bauerwirthe, die Inhaber eines Bauergesindes,
2. Die Knechtsbevölkerung,
3. Die Hofes-Leute.

---

[1] Vgl. Hupel, Topogr. Nachr. II. pgg. 229, 235. und Hupel, „An das etc. Publikum." pg. 174.
[2] Seitdem fiel der Preis: 1811—15: 6060; 1816—20: 5480; 1821—25: 5079; 1826—29: 4980. Vgl. v. Hagemeister, Gütergeschichte. Bd. I. pg. 26. 1845 ist der Durchschnittspreis pro Haken: 3300—4000 Rbl. Vgl. v. Hueck. a. a. O. pg. 113.
[3] 1765—70 wurden 8, 1796—1800 wurden 84 Güter in Livland verkauft.
[4] Vgl. oben pg. 17 ff.
[5] Vgl. Bauerverordnung von 1804.

Der Uebergang aus einer Klasse in die andere geschieht vollkommen zwanglos und hängt vom Zufalle oder dem Willen des Erbherrn ab.

Der vornehmste Stand ist der der Bauerwirthe; dieses sind die Bauern im vollsten Sinne des Wortes, die Vertreter der ackerbautreibenden Bevölkerung; sie heissen je nach dem Werthe ihres Gesindes: Hakenbauer, Halbhäkner, Viertelhäkner, Achtler, 16theiler und (in einigen Gegenden) 32theiler. Die am Häufigsten vorkommenden Wirthe sind die Viertelhäkner, welche für das Ende des 18. Jahrhunderts als Typus gelten können.[1] In den lettischen Kreisen giebt es ziemlich viele Halbhäkner, seltener Hakenbauern, in den estnischen Kreisen, wo das Landvolk überhaupt ärmer ist wie im Süden Livlands, fast nur Viertelhäkner.

Die zweite bäuerliche Klasse ist die der Knechtsbevölkerung. Hier sind Knechte und Lostreiber zu unterscheiden. Die Knechte stehen direkt unter dem Bauerwirthe und haben mit dem Gutsherrn so gut wie gar nichts zu thun; sie erhalten vom Wirthe ein Stück Land zur Bebauung und Lohn.[2] Die Lage dieser Knechte war natürlich die denkbar schlechteste, da sie vollkommen vom Wirthe abhängig waren, und alles Missgeschick, das diesen traf, nach Möglichkeit auf sie abgewälzt wurde.[3] Die Lostreiber stehen social niedriger, materiell aber oft besser als die Knechte; sie sind die Parias der bäuerlichen Bevölkerung und stellen wohl das grösste Kontingent zu den Läuflingen.

Der Lostreiber — auch „Badstüber" genannt, weil er oft in der Badestube[4] haust — siedelt sich gewöhnlich auf

---

[1] Vgl. Hupel, Topograph. Nachr. II. pgg. 212, 214. — Ferner: G. Merkel, „Die Letten etc." II. Aufl. Leipzig 1800. pg. 89.

[2] Die Bauer-Knechte erhalten ein Stück Land zu ungefähr 1 Lof Aussaat, wenn der Viertler 27 Lof Roggen und 32 Lof Sommer-Getreide aussäet, und 2 Rbl Lohn. Vgl. A. v. B(öttige)r a. a. O. pg. 13.

[3] Vgl. Hupel, „An das etc. Publikum." pg. 142.

[4] Die Badestube (estnisch: saun; lettisch: pirte) ist — wie bei den Russen (banja) - ein absolut nothwendiges Institut bei den Letten und Esten; jedes Bauergesinde muss seine „Badstube" haben. Ueber die Badestuben der Esten vgl. Fr. v. Hellwald „Haus und Hof etc." Leipzig 1888. pg 390.

irgend einem Stücke Buschland der Bauerwirthe an, wofür er diesem geringe Dienste leistet. Dem Hofe leisten sie gewöhnlich Nichts, selten Handdienste (1 bis 2 Tage in der Woche) oder werden, wenn sie ein Pferd besitzen, zu „Verschickungen" gebraucht. Solche, die gar kein Land besitzen, werden für Lohn auf dem Rittergute beschäftigt, die Männer bei landwirthschaftlichen Betrieben, die Frauen im Garten oder sonstwo. Das Loos dieser ländlichen Proletarier war natürlich ungemein wechselreich, gewöhnlich lebten sie von der Hand in den Mund, doch gab es, wie Hupel uns erzählt, Gegenden, in denen es erwünscht war, Lostreiber zu sein, „wozu der träge Ehste ohnehin einen Hang hat, er findet leicht etwas brauchbares Land in Wäldern, und arbeitet nur, wenn es ihm beliebt oder der Hunger dazu treibt."[1]

Die dritte Klasse der autochthonen Bevölkerung bilden die Hofesleute, bei denen wieder zwei Unter-Abtheilungen zu unterscheiden sind:

1. Hofesleute im engeren Sinne, das Hofesgesinde, die Dienerschaft.

2. Die Hofesleute im weiteren Sinne, die Wirthschaftsbeamten. Zu ihnen gehören die Aufseher (Starast resp. Kubjas), die Krüger (Schenkwirthe) und verschiedene Hofeshandwerker,[2] Buschwächter (Forstaufseher) etc., unter Umständen auch die Amtleute und Disponenten. Die Aufseher, Krüger und Buschwächter besitzen gewöhnlich für ihre Dienste Land zur Nutzung.[3]

---

[1] Lostreiber. Vgl. Hupel, Topograph. Nachr. II. pgg. 127, 212, 240. III. pg. 633. — Ferner Hupel, An das livl. Publikum. pg. 161. u. Hupel, Nord. Misc. a. a. O. pg. 291.

[2] Die Letten und Esten waren (und sind) bekannt als geschickte Handwerker, Ronneburg durch seine Weber (Pebalg), Tarwast und Flemmingshof durch Schlittenmacher, Awwinorm durch Böttcher, die Insel Dagden durch ihre Metallarbeiter. Vgl. Jannau, Sklaverey. pg. 160. — Merkel, Letten. pg. 294. — Hupel, Topogr. II. pg. 346. — Hupel, An das Publikum. pg. 183.

[3] Vgl. oben pg. 25 u. 135. — Hofes-Schmied, Koch etc. besitzen kein Land mehr „in unserer wirthschaftlichen Zeit". Vgl. Hupel Top. Nachr. II. pg. 217. Hofes-Knechte giebt es, entsprechend der Frohnwirthschaft, nur höchst selten und dann nur auf kleinern Gütern. Hupel lobt die Einrichtung. Vgl. Hupel, An d. Publ. pg. 146.

Unter diesen drei Klassen der bäuerlichen Bevölkerung sind in erster Linie nur Hörige verstanden; es können aber unter ihnen, namentlich unter den Hofesleuten, auch freie Leute — entweder Abkömmlinge von Deutschen oder auch Freibauern und Freigelassene — sein, doch kommen diese, als wenig zahlreich und für die Wirthschaftsgeschichte unwichtig, erst in zweiter Linie in Betracht.

Es ist schon vorhin bemerkt worden, dass der reelle Werth der Bauernverordnung von 1765 nicht gross war. Rekapituliren wir noch einmal die Haupt-Bestimmungen derselben:
1. Bestätigung des Eigenthumsrechts an beweglicher Habe,
2. Festsetzung der Leistungen an den Gutsherrn,
3. Einschränkung der Hauszucht,
4. Ertheilung eines Klagerechts,
5. Beschränkung des Verkaufes von Leibeigenen,

und sehen wir, wie sich gegen Ende des Jahrhunderts der thatsächliche Zustand der Bauern gestaltet.

Was das Eigenthum des Bauers angeht, so besitzt er nach wie vor die Fähigkeit, beweglichen Besitz zu erwerben und darüber so weit zu verfügen, als es das Interesse seines Erbherrn nicht verletzt; der Grund und Boden, auf dem er sitzt, gehört dem Gutsherrn, er hat nicht das geringste Recht darauf, die Bauernverordnung von 1765 hat hierin Nichts geändert. Das Einzige, was den Bauerwirth, den Inhaber eines Gesindes, in seinem Besitze einigermassen schützt, ist der Usus und die wirthschaftliche Einsicht seines Gutsherrn.

Alle ökonomischen Schriftsteller jener Zeit stimmen darin überein, wie schädlich es sei, einen Wirth ohne zwingende Gründe aus seinem Gesinde zu entfernen, denn der Bauer ist stolz darauf, wenn das Gesinde lange in seinem oder seiner Familie Besitz ist und bearbeitet in Folge dessen das Land mit Lust und Liebe.[1]

---

[1] Vgl. Hupel, „An das etc. Publikum," pg. 157 u. Hupel, Topogr. Nachr. II. pg. 237. — v. Jannau sagt: „denn es ist wirklich unglaublich, mit welchem Kummer der Leibeigene sein Gesinde verlässt." Vgl. v. Jannau, Sklaverey etc. pg. 142.

Hupel zählt uns vier Fälle auf, in welchem der Uebergang eines Gesindes aus einer Hand in die andere üblich ist:
1. Wenn der Bauer durch Unglücksfälle oder Lüderlichkeit soweit verarmt, dass er seinen Pflichten nicht nachkommen kann.
2. Wenn der Wirth stirbt und eine Wittwe mit unmündigen Kindern hinterlässt.[1]
3. Wenn der Wirth selbst wegen Alters, Krankheit oder Armuth um Entlassung bittet.
4. Wenn das Gesinde zum Hofeslande gezogen wird.

In den drei ersten Fällen muss ein Ersatz gefunden werden. Gewöhnlich wird ein Bauerknecht oder Lostreiber alsdann zum neuen Wirth designirt und eingesetzt. Dieser erhält das Inventar für das Gesinde — gewöhnlich auch noch ein Pferd und etliche Rubel für den Anfang — und übernimmt dafür die eventuellen Schulden des vorigen Wirthes. Es findet hier also Aufrücken aus einer bäuerlichen Klasse in die andere statt.

Im vierten Falle, wo das Bauernland zum Hofesland gezogen oder auf demselben eine Hoflage eingerichtet wurde, mussten die Bauernwirthe einfach ihr Land verlassen und sich entweder wo anders ansiedeln oder als Knechte bei andern Bauern niederlassen. In ersterem Falle weist ihnen der Gutsherr ein Stück Land zum Urbarmachen an und erlässt ihnen für einige Jahre die Hofes-Leistungen (gewöhnlich drei Freijahre).[2]

---

[1] Es heirathet daher die Wittwe gewöhnlich umgehend irgend einen „frischen Knecht", um sich das Gesinde zu erhalten. Vgl. Hupel, Topogr. Nachr. II. pg. 238.

[2] Vgl. Hupel, „An das etc. Publikum. pg. 154. Hupel, Topogr. Nachr. II. pg. 237. Hupel, Nord. Misc. a. a. O. pg. 247. Ferner: v. Jannau, Sklaverey etc. pg. 141 ff. „Unsere Erbbesitzer sind rechtmässige Herren von dem ganzen Boden, der sich in ihren Gütern befindet; und hierauf gründet sich ganz unstreitig das Recht, Hoflagen anzulegen, wo und wann sie wollen, welches die Ritterschaft aber durch die in dem Wackenbuche, das die Erbherren eingehen mussten, festgesetzte Arbeiten, gewissermassen selbst einzuschränken für gut befunden hat. Dennoch werden zuweilen Dörfer und Gesinder gesprengt, wie man in Liefland spricht, d. h. ein ganzes Dorf oder auch einzelne Bauernwohnungen werden abgerissen, auf einer andern Stelle wird den Ein-

Das Bauernlegen war gesetzlich gestattet, da das eingezogene Bauerland nach wie vor steuerpflichtig blieb.¹ Betrachten wir nun die zweite Hauptbestimmung des Landtags von 1765, die Festsetzung der bäuerlichen Leistungen. Wir haben oben gesehen, dass es zweierlei Arten von bäuerlichen Leistungen gab: Die wackenbuchmässig normirten und die sogenannten onera extraordinaria.

Der Landtag von 1765 setzte fest, dass sämmtliche Gutsherrn Verzeichnisse der Leistungen ihrer Erbbauern einschicken sollten, damit diese alsdann als gesetzliche Norm dienen und auf diese Weise alle bäuerlichen Leistungen bestimmt seien. Falls der Gutsherr in dringenden Fällen von seinen Bauern Leistungen verlangt, die ausserhalb der Norm stehen, so muss er dieselben nach einer bestehenden Taxe vergüten, oder mit den Bauern einen „freien Accord" schliessen.

Diese — dem aufgedrungenen Charakter des Landtags-Schlusses von 1765 entsprechende — Unbestimmtheit der Verordnung hatte die natürliche Folge, dass dieselbe von vielen Gutsherrn nicht eingehalten oder umgangen wurde. Viele Gutsherrn schickten die Prästanden-Verzeichnisse ihrer Bauern erst nach Jahren, oder gar nicht ein,² andere benutzten die Bestimmungen über die Entschädigung aussergewöhnlicher Leistungen, um sich merkliche Vortheile zu verschaffen, kurz die materielle Lage des einzelnen Bauerwirths war von der wirthschaftlichen Einsicht seines Guts-

---

wohnern ihre Häuser zu bauen erlaubt, und das gute, seit vielen Jahren urbar gemachte, Land des Erbbauern nach dem Hofe gezogen, zu einer Hoflage oder auch zu einem kleinen Gütchen gemacht. Freylich erhalten die ausgesetzten Einwohner anderes Land wieder, das sie urbar machen müssen, und dadero werden ganz billig den Wirthen Freyjahre von ihrer Arbeit zugestanden." Vgl. oben pg. 157 ff.
¹ Vgl. Landtags-Recess v. 1765.
² Vgl. Landtags-Recess v. 1777 u. Proklam der revidirenden Senateure Graf Woronzow u. Fürst Dolgorukow an die Rigische Statthalterschafts-Regierung vom 29. Julij 1784 (prod. Ritterhaus. 31. July.) Mss. Rittersch.-Archiv. Ferner: v. Samson, Hist. Versuch. pg. 93.

herrn abhängig.[1] Im Allgemeinen findet gegen Ende des Jahrhunderts, entsprechend der künstlichen Steigerung des Güter-Ertrags, auch eine Steigerung der bäuerlichen Leistungen statt.[2] Oben ist der Viertelhäkner als Typus des Ackerbauers bezeichnet worden. Der standart of life eines solchen Viertelhäkners stellt sich nach A. v. Böttiger[3] 1786 folgendermassen:
Auf den Bauernhof kommen acht arbeitsfähige Leute beiderlei Geschlechts.

Die Leistungen an den Hof sind folgende: Zwei Arbeiter drei Tage in der Woche, und zwar: ein Arbeiter mit Anspann das ganze Jahr hindurch und ein Fussarbeiter von Georgi bis Michaelis (22 Wochen); ferner: 10—12 sogenannte Korden-Tage, 4 Fuhren zur Verführung von Hofes-Gefällen (gerechnet zu 56 Arbeitstagen); Verführung der Station und Postfourage, Besserung der Landstrassen etc. mit 42 Arbeitstagen; 2 ℔ Garn von eigenem Flachs und 2 ℔ Hofes-Flachs zu spinnen, gerechnet zu 24 Arbeitstagen; Summa: 356 Arbeitstage.[4]

Die Abgaben des Viertelhäkners betragen:
An den Gutsherrn:

3	Lof jeglichen Kornes	= 5 Rbl.	40	Kop.
1/4	Schaf	=	25	„
3	Eier	=	1	„
1	Huhn	=	8	„
3 ℔	Hopfen	=	12	„
1	Sack	=	40	„
	Geldgerechtigkeit	= 1 „	80	„
	Summa:	8 Rbl.	6	Kop.

[1] Vgl. v. Jannau, Sklaverey etc. pg. 147 und J. Eckardt, Livland im 18. Jahrh. pg. 335. Ferner: Unterlegung an S. Kais. Maytt. (Russisch u. deutsch; Druckort u. Jahr des Druckes — wohl 1804 — unbekannt.) pg. 12. Nach Hupel (Nord. Miscel. a. a. O. p. 261 ff.) waren noch 1790 die Frohndienste durchaus unbestimmt.

[2] Vgl. Hupel, Oekonom. Handbuch für lief- u. esthländ. Grundherrn Riga 1796. pg. 107. u. Hueck, a. a. O. pg. 110.

[3] A. v. B—r. Der lief- u. ehstländ. Bauer. etc. pg. 6 ff.

[4] v. Böttiger giebt die Leistungen eines gleich starken russischen Bauernhofs auf 1248 Tage an, was 3½ mal so viel wie die Leistungen des livl. Viertlers wäre.

| | Uebertrag: | 8 Rbl. | 6 Kop. |

Abgaben an den Pastor: ⅓ Lof
jeglichen Kornes   =   60 „
Abgaben an die Krone:
Kopfgeld für 8 männliche Seelen = 5 „ 76 „

Summa Summarum: 14 Rbl. 42 Kop.

Ferner berechnet v. Böttiger die Ausgaben und Einnahmen eines solchen Bauernhofes und kommt zu dem Resultate, dass dem Viertelhäkner ein jährlicher Ueberschuss von 62 Rbl. 58 Kop. bleibt. In wie weit diese Aufstellungen des Herrn v. Böttiger richtig sind, kann nur durch einen genauen Vergleich der Wacken- und Wirthschaftsbücher verschiedener Güter festgestellt werden[1], es liegt jedoch kein Grund vor,

---

[1] Ein Vergleich der v. Böttiger'schen Angaben mit denen Hupels und einem Wackenbuche von Tolkenhof (Kreis Wenden) ergiebt Folgendes:

Nach v. Böttiger (1786) sind die jährlichen Leistungen eines Viertlers:
Ein halber wöchentlicher Arbeiter (3 Tage) mit Anspann . . . . 5 Thlr. 30 Gr.
Ein halber wöchentlicher Hülfsarbeiter von Georgi bis Michaelis . . . . 1 „ 67½ „

Also sogen. ordinäre Arbeit: 7 Thlr. 7½ Gr.

An Gerechtigkeiten zahlt der Viertler
8 Rbl. 6 Kop. (1,25 Kop. = 1 Thlr.) . . . . . . 6 „ 36 „

Summa: 13 Thlr. 43½ Gr.

Die sogen. onera extraordinaria giebt v. B. folgendermassen an: 12 Kordentage, 56 Fuhrentage, 42 do., 24 Arbeitstage zum Flachsspinnen. Berechnen wir nach der Krontaxe (Landtags-Schluss v. 1797) die Tage mit Anspann à 4 Gr., die Tage zu Fuss à 3 Gr., so repräsentiren die extraordinaria onera den Werth von 5 Thlr. 55 Gr. Es ergibt sich also für die Gesammtleistung des Viertlers an den Gutsherrn der Geldwerth von 13 Thlr. 43½ Gr. + 5 Thlr. 55 Gr. = 19 Thlr. 8½ Gr. Alb. — Hupel (1777) giebt die Gesammtleistung eines Halbhäkners zu 30 Thlr., also eines Viertlers zu 15 Thlr. Alb. an. (NB. Im lettischen Theile Livlands; die Angaben für den estnischen Theil sind wohl nicht für einen Viertler, wie Hupel sagt, sondern für einen Halbhäkner, sonst

daran zu zweifeln, dass die Berechnungen im Allgemeinen mit der Wirklichkeit übereinstimmten, da Herr von Böttiger nicht nur selbst Gutsherr, sondern auch eine sehr geachtete Persönlichkeit im Lande — Kreismarschall für Wenden — war.[1] Die Berechnungen Jannaus[2] und Merkels[3] weichen allerdings stark von der obigen ab; Letzterer stellt sogar die Behauptung auf, dass ein Viertelhäkner in gewöhnlichen Jahren um 12 Lof Getreide zu kurz kommt; man kann aber den Schriften dieser Schriftsteller wegen ihrer ausgesprochenen Tendenz nur einen sehr geringen historischen Werth beimessen.

Alles in Allem muss man annehmen, dass die bäuerlichen Leistungen, in Folge der unzulänglichen Bestimmungen über dieselben, je nach der Individualität des Gutsherrn verschieden waren.[4] Gegen Ende des Jahrhunderts gab es eine ganze Reihe von Gutsherrn, welche durch liberale Einrichtungen auf ihren Gütern die Lage ihrer Hörigen verbesserten und, auf dem Wege des edeln Frh. v. Schoultz fortschreitend, ihr Möglichstes thaten, um die ihnen zustehende grosse Gewalt über das Wohl und Wehe ihrer Bauern zum Besten derselben anzuwenden[5]; es ist jedoch anzunehmen, dass der

---

wären sie zu gross, besonders wenn man in Betracht zieht, dass die estnischen Kreise eine ärmere Bauernschaft hatten, wie im Allgemeinen die lettischen.) Vgl. Hupel, Topograph. Nachr. II. pg. 215. Das Wackenbuch v. Tolkenhof gibt die Gesammtleistung eines Tolkenhöfschen Viertlers auf 14 Thlr. 21³/₄ Gr. Alb. an. Vgl. „Acta der Proclamation des von Herrn Capit. Joach. Friedr. von Rosen erkauften, im Wenden-Kreise und Festenschen Kirchspiele belegenen, Gutes Tolkenhof." (19. Juni 1783.) Hofgerichts-Akten. Lit. T. Vol. 2.

[1] Alexis v. Böttiger war chursächsischer Kammerherr und Kreis-Marschall für Wenden, Erbherr auf Felsen 1777—1815, auf Schloss Randen — 1775, Brinkenhof 1775—? u. 1788—99, Neu-Tennasilm —1775. Vgl. v. Stryk, Gütergesch. I. pgg. 126, 174, 345. II. pg. 266.

[2] Provinzialblätter 1786. Heft I. pg. 104.

[3] Vgl. Merkel. Letten. pg. 89.

[4] Vgl. v. Jannau, Sklaverey. pg. 117. — Hupel, Topogr. Nachr. II. pg. 214 sagt: „überhaupt sind die Abgaben fast bey jedem Gute, oft in einem Gebiete bey jedem Dorfe, verschieden".

[5] Der Gutsherr Pearson (Pierson v. Balmadis?) hat seinen Bauern das erbliche Eigenthum ihrer Gesinde zugesichert. Kammerherr v. Bayer auf Stockmanshof erliess seinen Bauern alle Leistungen. Kapitän

grösste Theil der Gutsherrn für das materielle Wohl ihrer Bauern nur soweit bedacht waren, als ihr eigenes Interesse dabei in Betracht kam. Die wirthschaftlichen Verhältnisse der Bauern konnten sich bei den eingetretenen Veränderungen im landwirthschaftlichen Grossbetriebe nicht bessern. Der Bauer blieb was er war, seine Wirthschaft änderte sich nicht. Nach wie vor leistete er seinem Erbherrn Abgaben und Frohne und bebaute nach der Urväter Weise seine Scholle, von der Hand in den Mund lebend, bald gut bald schlecht, je nach den Umständen und der Jahreszeit. Nach wie vor erschien er im Frühling vor seinem Erbherrn und erbat sich Vorschuss an Korn, weil er mit seinem Vorrathe nicht hausgehalten, und der Herr musste nach wie vor mit einem Vorschuss herausrücken, wenn er nicht haben wollte, dass der Bauer sein Gesinde deterriorirte, oder dass er gar verlief.[1]

Der grösste Feind des materiellen Wohlstandes des Bauers war, neben seinem eigenen Leichtsinne[2] und dem für

---

v. Eckesparre auf Weissenstein hat seine Hofesländereien an seine Bauern in Parcellen verpachtet, nachdem die Bauern sie selbst geschätzt hatten. Ferner: Lindenhof, Dickeln u. Kulsdorf. Vgl. Merkel, Letten. pg. 143 ff Hupel, Topogr. Nachr. II. 217 erwähnt Geldpacht und Topogr. II. 123, 217, sowie III. pg 638 einen Fall, wo ein Gutsherr sein Gut an ein Konsortium seiner Bauern verpachtet hat. In „Nord. Miscellaneen" 22. u. 23. pg. 269 sagt Hupel: „Etliche Erbherrn haben den Versuch gemacht die Frohndienste in ein Pachtgeld zu verwandeln. Auch ist sogar manchem redlichen Bedienten von seinem Herrn zur Belohnung die Freiheit nebst der unentgeldlichen Benutzung seines kleinen Bauerlandes gegeben worden."

[1] „Die gegenwärtig vorhandenen Bauern hilft der Herr Pfandhalter nach Landes-Usance mit dem benöthigten Vorschuss an Saat und Brot." Aus dem Arrende-Kontrakt von Durenhof (Kreis Wenden) zwischen Major C. G. von Brömsen u. Inspektor Pohle. Adsel, 24. Aug. 1770. „Acta in convocatione sämmtl. Creditores des Garde-Lt. G. F. v. Reutz" Hofger.-Akten. Lit. R. vol. 3. — Ferner vgl. Hupel, Topogr. Nachr. I. pg. 549. Vgl. die Verhältnisse in Preussen bei G. F. Knapp, a. a. O. I. pg. 72 ff.

[2] „Denn der Bauer ist grossentheils dumm, siehet blos die gegenwärtige Zeit und denkt niemahls an die Zukunft." Vgl. v. Jannau, Sklaverey. pg. 152.

ihn verderblichen Wirthschafts-System der Frohne, der Branntwein, dessen Genusse er mit Leidenschaft fröhnte. Kinder von der Mutterbrust fort, junge Mädchen und Burschen, alte Frauen und Greise: Alles huldigte dieser Leidenschaft.[1] Die Massregeln, welche Regierung und Ritterschaft ergriffen, um den Wirkungen des Leichtsinns und der Trunksucht der Bauern entgegen zu treten, konnten, da sie nicht Hand an das Grundübel selbst legten, nur Paliativmittel sein. Es wurde verordnet, dass auf jedem Rittergute ausser dem Saatkorne je 20 Lof Roggen vom Haken aufbewahrt werden mussten, um den Bauern im Nothfalle als Unterstützungsfonds zu dienen.[2] Manche Gutsherrn pflegten im Herbste das Saatkorn ihrer Bauern in einem Vorrathshause des Rittergutes aufspeichern zu lassen, um so einer leichtsinnigen Vergeudung desselben vorzubeugen.[3]

Das Aufkaufen von Korn und anderen landwirthschaftlichen Produkten bei den Bauern wurde streng untersagt,[4] namentlich aber war aller Tauschhandel mit Branntwein verboten,[5] auch war es nicht erlaubt, einem fremden Bauer Getreide auf Both oder Pfand zu leihen.[6]

---

[1] Vgl. Merkel, Letten. pgg. 41, 57, 61. Hupel, Topogr. Nachr. I. pg. 513. II. pg. 132. Hupel „An das livl. etc. Publ." p. 153.

[2] Gen.-Gouv.-Patente vom 29. April 1763, 5. Mai 1764, 18. April 1765, 8. Okt. 1770, 10. Febr. 1771, 5. Okt. 1771, 9. Jan. 1772. — Ferner: 29. März 1766, 26. Nov. 1767, 8. April 1771, 24. März 1772. Bekanntm. d. Statthalt. v. 21. März 1784. Vgl. gedruckte Patente pg. 87 ff. — Vgl. Hupel, Topogr. Nachr. I. pg. 548. II. pg. 259.

[3] Vgl. Hupel, „An das livl. etc. Publ." p. 170.

[4] Gen.-Gouv.-Pat. v. 11. Jan. 1766, 28. Dec. 1770, 22. März 1772. Publ. d. Statth. v. 12. April 1787, 8. Febr. 1788. Vgl. gedr. Patente pgg. 91 und 236. — NB. Der Gutsherr hatte das Recht, von seinen eigenen Bauern Korn kaufen zu dürfen, dieser Fall ist aber aus erklärlichen Gründen wohl nur selten vorgekommen.

[5] Gen.-Gouv.-Pat. v. 29. März. 1772, 4. März 1779. Vgl. gedr. Pat. pg. 135. Ferner: Hupel, Nord. Miscel. a. a. O. p. 273 ff.

[6] Gen.-Gouv.-Pat. v. 27. Aug. 1771, 29. März 1792. Vgl. gedr. Pat. pgg. 4 u. 88.

Um den Branntweinkonsum zu mindern, wurden die Winkelkrügereien verboten[1] und der Branntweinpreis erhöht.[2] Alle diese Massregeln konnten natürlich auf den Zustand der Bauern keinen wesentlichen Einfluss ausüben, solange die Leistungen derselben unbestimmt waren. Die Saat, welche in der ersten Hälfte des Jahrhunderts gesäet wurde, ging auf. Die Missgriffe der Regierung bei Beseitigung der schwedischen Katastrirungsmethode trugen nun reichlich Früchte. Die Zustände spitzten sich immer mehr zu und wurden schliesslich unleidlich. Wie viele einsichtige Gutsherrn und andere mit den Verhältnissen vertraute Personen, empfanden auch die Bauern vieler Gegenden lebhaft, wenn auch in seiner Begründung nur dunkel, diesen Uebelstand.[3]

Schon im Jahre 1777 finden in manchen Gegenden Bauern-Unruhen statt[4], sind aber von keiner weiteren Bedeutung. Wichtiger sind die sogenannten Kopfsteuer-Unruhen von 1784. Durch Senatsukas vom 8. Mai 1783[5] war verordnet worden, dass in den Gouvernements Riga, Reval und Wiborg gleichmässig wie in den innern russischen Gouvernements statt der sonstigen Abgaben an die Krone von jedem männlichen Bauer (Seele)[6] eine sogenannte Kopfsteuer er-

---

[1] Gen.-Gouv.-Pat. v. 3. Juni 1774. Vgl. gedr. Pat. pg. 135. Krüge durften in Livland — im Gegensatze zu Estland — nur an solchen Stellen angelegt werden, die in den schwedischen Wackenbüchern als Krugstellen bezeichnet sind, „oder wo eine neu angelegte Strasse auch neue Krüge erheischt. Alle übrigen heissen Winkelkrüge und sind gesetzlich untersagt, ausser wo Nachbarn einander nicht angeben." Jedes Rittergut und jede Hoflage (mit mindestens 20 Lof Aussaat pro Lotte) darf einen Krug ohne Stadolle (Wagenraum) halten, wenn kein privilegirter Krug näher als 3 Werst ist. Auch Mühlen haben die Schankgerechtigkeit, falls die Entfernung bis zum nächsten privilegirten Kruge nicht weniger als eine Werst beträgt. Vgl. Hupel. Nord. Misc. a. a. O. pg. 272 ff.

[2] auf 5 Mark resp. 14 Kopeken pro Stof. Vgl. Gen.-Gouv.-Pat. vom 16. Dec. 1774. — Hupel, Nord. Misc. a. a. O. pg. 273.

[3] Ueber Bauernunruhen Ende des 18. Jahrhunderts in schwed. Pommern vgl. C. J. Fuchs a. a. O. pg. 187 ff.

[4] Landtags-Recess 1777. Vol. XVI. pgg. 15—17, 52—55, 66 ff, 75. — Ferner vgl. Hupel, Topogr. Nachr. II. pg. 135.

[5] Gedr. Patente pg. 223.

[6] Sowohl freie als unfreie Bauern.

hoben werden solle. Dieselbe betrug pro Seele 70 Kopeken jährlich.[1] Die Ukase, welche Bauernsachen betrafen, wurden durch die Prediger nach dem Gottesdienste von der Kanzel verlesen; es war natürlich, dass dadurch oft Missverständnisse entstanden, denn, theils hörte die ungeheure Menge der kirchenbesuchenden Bauern — welche nicht nur die Kirche und den Platz rings um dieselbe vollständig zu füllen, sondern auch beständig durch die weit offenen Thüren hin und her zu wogen pflegt — die Verordnungen nur bruchstückweise, theils verstand sie den Sinn derselben nur unvollständig.[2] Daher ist es verständlich, dass in den Köpfen der Bauern bald die sonderbarsten und thörichtesten Vorstellungen spukten. Einige glaubten, dass von nun an sämmtliche Bauern der Krone gehören sollen, andere — und diese Meinung verbreitete sich, trotz der besonderen Publikationen,[3] allgemein — dass durch die Zahlung der Kopfsteuer jede weitere Leistung an den Gutsherrn aufhören würde.[4]

Im ganzen Lande begann es zu gähren.

Beim Ausbruche der Unruhen wurde ritterschaftlicherseits um Einrücken von Truppen aus den benachbarten Statthalterschaften gebeten.[5] Am 27. Juni trafen 2 Senateure aus Petersburg, Graf Woronzow und Fürst Dolgorukow, in Riga ein, um die Bauernunruhen und ihre Ursachen zu untersuchen. An den verschiedensten Orten bricht nun der Aufruhr aus.[6]

---

[1] 70 Kopeken pro Seele und auf je 1 Rbl. 2 Kop. Aufschlag. Die Bauergemeinde hatte die Verpflichtung, für das Kopfgeld aller in der Zwischenzeit verstorbenen, verlaufenen, verschickten und verarmten Leute aufzukommen. Vgl. Hupel, Statthalt. pg. 86.
[2] Vgl. Merkel, Letten. pg. 247. Jannau, Sklaverey. pg. 137.
[3] Gen.-Gouv.-Patent v. 9. Sept. 1783. Vgl. gedr. Pat. pg. 224.
[4] Vgl. Hupel, Statthalterschafts-Verf. pg. 90 und Proklam der Senateure Woronzow und Dolgorukow. pg. 3. Mss. Rittersch.-Archiv.
[5] Residir-Recess v. 19. Juni 1784. Vol. LXXII. pg. 115.
[6] Vgl. Schreiben des Grafen Browne an die Kaiserin v. 15. Juni: „Gegenwärtig kann ich berichten, dass der Aufruhr im ganzen Gouvernement so allgemein ist, dass ich fast kein Gut kenne, welches davon befreit wäre. . . . . der mehreste Theil der Bauern verlangt von allem Gehorche frei zu sein . . . . . . Im vorigen Türkenkriege haben Ew. Kais. Maytt. Türkensteuer aufgelegt. Der Edelmann hat sie

Bauern von Ronneburg durchstreifen das Land und fordern die Letten auf, ihre nationalen Rechte geltend zu machen. In Cremon und Engelhardtshof stehen die Bauern auf; in Smilten vergreifen sie sich thätlich am General-Gouverneur, ihrem Erbherrn; auch in Dickeln sind sie unruhig, die Bürgerschaft von Wolmar rüstet sich, um mit bewaffneter Hand ihre Stadt zu vertheidigen.[1] Auch im Norden: in Haselau[2], Carolen[3] und Rappin[4] flammt der Aufruhr. Dank der Vorsichtsmassregel, Soldaten bereit zu halten, war der Aufruhr bald unterdrückt. Zu Blutvergiessen kam es selten, manchesmal genügte die einfache Intervention des Kreishauptmanns,[5] der nach dem Wackenbuche die bäuerlichen Leistungen entschied, an anderen Orten musste mit Nachdruck eingeschritten werden.[6]

Bei der Untersuchung durch Woronzow und Dolgorukow stellte es sich heraus, dass neben dem missverstandenen Inhalt der Kopfsteuer-Verordnungen auch die Ausbeutung derselben durch einige Gutsherrn Antheil an dem Ueberhandnehmen des Aufruhrs gehabt hatte. Ein Befehl der Statthalterschaftsregierung vom 12. April 1784[7] bestimmte nämlich, dass der Gutsherr, falls er den nicht vermögenden

---

mit der grössten Bereitwilligkeit bezahlt und dem Bauer dafür keine Arbeiten aufgelegt. Hätten Ew. K. Maytt. statt Kopfgeld so viel Abgaben auf publique und adliche Güter gelegt, so wäre alles ohne Aufstand entrichtet und kein Anlass zu einem Aufruhr entstanden, als der gegenwärtige ist." Fr. Bienemann, „Die statthalterliche Zeit." Balt. Monatsschrift. 1884. pg. 219 ff.

[1] Vgl. Merkel, Letten. pg. 247. — Jannau, Sklaverey. pg. 168. — Merkel, „Die freien Letten und Esten." pg. 164.

[2] Res.-Rec. Vol. LXXII. pg. 117.

[3] ibid. pgg. 102, 132 ff, 163.

[4] ibid. pg. 116.

[5] So hiess der Ordnungsrichter (vgl. oben pg. 161) in der statthalterschaftlichen Zeit.

[6] In Carolen wurden „Spitzruthen" angewandt. Vgl. Res.-Rec. 1784. pg. 133. In Rappin kam es zu einem blutigen Zusammenstosse zwischen Militär und Bauern; 5 Bauern blieben todt auf dem Platze, 8 wurden schwer verwundet, 4 Soldaten wurden leicht verwundet. Vgl. Res.-Rec. v. 1784. pg. 116. Vgl. ferner: Merkel, Letten. pg. 247 und Proklam der Senateure a. a. O. pg. 2.

[7] Vgl. gedr. Patente pg. 225.

Bauern das Kopfgeld vorschiesst, eine Entschädigung an Arbeit und Gerechtigkeit fordern kann. Diese — in Anbetracht der schlechten materiellen Verhältnisse der Bauern an und für sich ganz vernünftige — Verordnung konnte natürlich in der Hand eines gesinnungslosen Gutsherrn zu einem zweischneidigen Schwerte werden, indem dieser nach Belieben, unter dem Titel des Rechtes, die Leistungen seiner Bauern vermehren konnte. Es scheint, dass dieser Fall in der That mehrfach vorgekommen ist, wenigstens ist davon in dem Proklame der revidirenden Senateure vom 29. Juli 1784 die Rede.[1] Das Proklam bestimmt, dass die Bauernschaft selbst die Kopfsteuer zahlen könne und zwar soll diese durch den Aufseher oder den Erbherrn beigetrieben und pünktlich entrichtet werden. Weit wichtiger ist jedoch die Bestimmung, dass der Landtagsschluss von 1765 erfüllt und die Verzeichnisse der bäuerlichen Leistungen von den einzelnen Gutsherrn an die Niederlandgerichte eingesandt werden sollen.

Ferner wird bestimmt, dass in Betreff der willkürlichen Erhöhungen der Leistungen die Spitzen der Ritterschaft selbst auf die einzelnen Gutsherrn einwirken sollen.[2] In Folge dessen

---

[1] „Der falsche Begriff, als wenn die Verwechselung der vorigen Abgabe von denen Haaken in Sieben Griewens (i. e. 70 Kop.) Steuer von jeder Revisions-Seele männl. Geschlechts, hat zwar die Veranlassung ihres Ungehorsams seyn können, es scheint aber nicht weniger, dass ihre Beharrungen darauf, nun selber für sich diese Abgaben zu bezahlen, die Befürchtung zum Gegenstand hat haben können, dass einige von denen Erbherren, wenn sie für ihnen die Reichsabgaben bezahlt haben werden, nicht mögten daraus Gelegenheit nehmen, die Arbeit der Bauern zu ihrem Nutzen annoch zu vermehren und durchaus nicht mit demjenigen angemessen zu vermehren, was sie für ihnen an die Cassa haben bezahlen wollen."

[2] „Wenn also in der grossen Anzahl hiesiger Erbherrn auch solche gefunden werden sollten, welche mit übermässig aufzuerlegende Arbeiten ihre Bauern gäntzlich auszumergeln suchen, so wäre es am allerbequemsten selbigem vorzubeugen, wenn wegen dergleichen Folgen dem Adel zum öftern durch den Gouv.-Marschall, das Landraths-Collegium und die Kreyss-Marschälle beygebracht und ihnen bedeutet würde, was für ein Schaden daraus für den gantzen Adel entstehen könne, wahrscheinlich würde es gewiss eine grosse Wirkung in den Erbherrn selbst erregen und eben hiedurch für die Zukunft viele Unruhen vorbeugen." Proklam der Senateure v. 29. Juli 1784.

erliess die Residirung am 17. August 1784 ein Proklam an die Deputirten der einzelnen Kreise, in welchem auf Einschickung der Prästanden-Verzeichnisse gedrungen wird; auch werden die Kreisdeputirten aufgefordert, die Gutsherrn zu ermahnen, die bäuerlichen Leistungen billig zu bemessen, dieselben in keinem Falle zu überschreiten und namentlich beim Vorschiessen der Kopfsteuergelder keine Leistungen zu fordern, welche den Werth ersterer überschreiten, damit nicht die Statthalterschaft „in die unangenehme Nothwendigkeit gebracht werde, sich obrigkeitlich der Erbbauern .... anzunehmen und ihren Zustand erträglich zu machen."[1]

Die Furcht vor einem Eingreifen der Regierung in die Agrargesetzgebung bleibt für das folgende Decennium der einzige Gesichtspunkt, unter welchem das Gros der Ritterschaft die Reformfrage betrachtete. — Als auf dem Landtage von 1792 der Kreismarschall v. Bayer ein „Projekt zur Verbesserung des Bauer-Zustandes" durch nähere Bestimmung ihrer Ländereien und Leistungen einreichte,[2] wurde dieses abgelehnt, mit der Motivirung, dass die schon existirenden Verordnungen betreffs der Bauerschulden, Magazine etc. gegenwärtig hinreichten, um Aufklärung und Wohlstand unter den Bauern zu befördern und ihren Zustand zu verbessern.[3]

Soweit die materiellen Verhältnisse der Bauern und ihre Leistungen an die Gutsherrn.

Untersuchen wir nun, welche Veränderung in der Betrachtung der Person des Bauers gegen Ende des Jahrhunderts vor sich gegangen ist, in erster Linie, welche Wirkung die Verordnungen des Landtags von 1765 auf

[1] Vgl. Manuskript im Rit.-Arch. mit der Aufschrift: Hochwohlgeb. Herr Major u. Kreyssdeputirter, unterzeichnet: Graf Manteuffel (residir. Landrath). B. F. v. Budberg (Land-Marschall). C. A. v. Richter (Ritterschafts-Sekretär). Riga im Ritterhause d. 17. Aug. 1784.
[2] Vgl. Landtags-Recess v. 1792. Vol. XXI. pg. 91.
[3] Beschluss v. 17. Dec. 1792.

Ausübung der patrimonialen Gerichtsbarkeit, Klagerecht und Veräusserung der Hörigen gehabt haben.

Wie wir gesehen haben, setzte der Landtags-Schluss von 1765 fest, dass die Hauszucht mit Mass gebraucht werden sollte. Es lässt sich schwer nachweisen, ob diese Verordnung von Einfluss gewesen ist oder nicht, da fast alle Schriftsteller, die hierüber berichten, wegen der ausgesprochenen Tendenz ihrer Schriften nur wenig Anspruch auf historische Glaubwürdigkeit machen können.[1]

Im Allgemeinen wird man annehmen können, dass eine Besserung eingetreten ist[2], denn einerseits verbreiteten sich — durch den engeren Kontakt mit Westeuropa — immer mehr freisinnige Ideen unter dem livländischen Adel,[3] andererseits setzte das den Bauern 1765 ertheilte Klagerecht der gutsherrlichen Willkühr gewisse Schranken. Es ist freilich wahr, dass dieses Klagerecht, wie schon oben ausgeführt, derartig verklausulirt war, dass es den Bauern meist an Muth gebrach über ihre Erbherrn zu klagen, immerhin beweisen uns die Akten aus jener Zeit, dass Klagen der Bauern vorkamen.[4]

---

[1] Merkel (Letten, pgg. 168, 171) führt eine Reihe von Fällen auf, in denen Gutsherrn das Recht der Hauszucht missbraucht haben. Auch Hupel (Nord. Misc. a. a. O. pg 260 ff.) spricht von Rohheit gegenüber den Bauern, hauptsächlich von Seiten der Amtleute und bäuerlichen Aufseher und räth den Gutsherrn, jenen nicht zu erlauben, Bauern zu züchtigen.

[2] Vgl. Unterlegung an S. Majest. v. 1804. pg. 14.

[3] Hupel (Topogr. II. pg. 32 ff) rühmt die Bildung und die Liebe zu den Wissenschaften bei dem Adel.

[4] Rittersch.-Arch. in Actis Vol. LIV. N. 196, N. 201 (Waimel Werro-Neuhof). cf. 1766. Res.-Rec. pg. 278. Ferner 1776. Res.-Rec. Vol. XXI. pg. 200, in Actis Vol. LXIV. N. 176.
1777. Res.-Rec. pgg. 19, 62; in Actis Vol. LXV. N. 29 (Woiseck) u. pgg. 54, 55—58, 66, 75, 77, 80, in Actis Vol. LXV. N. 58. - Ferner: pg. 82, in Actis Vol. LXV. N. 68 u. pg. 92, in Actis Vol. LXV. N. 83. (Lindenhof.)
1778. Res.-Rec. pgg. 15—18, in Actis Vol. LXVI. N. 53.
„ Res.-Rec. pg. 67, uti im Missiv-Buche pgg. 67, 89.
1779. Res.-Rec. pg. 17, in Actis Vol. LXVII. Nr. 25. — Ferner: pg. 114, in Actis Vol. LXVII. N. 135. (Fölk.)
1799. Res.-Rec. (Vol. XLII.) pgg. 589, 590 ff. pg. 611. Vol. V. pgg. 279 ff, 285 ff.

Auf manchen Gütern lassen die Gutsherrn — an Stelle der Hauszucht — die Aeltesten[1] im Gebiete richten. Der Gutsherr ist bei allen Streitigkeiten die Oberinstanz. Kriminalsachen werden von dem Gutsherrn oder dem Prediger dem Kreisfiskal gemeldet.[2]

Seit Einführung der Statthalterschaftsverfassung[3] wurden Gerichte mit bäuerlichen Beisitzern eingerichtet, und zwar eine „Ober-Rechtspflege", und in je zwei Kreisen eine „Nieder-Rechtspflege".[4]

Die Nieder-Rechtspflegen waren Instanzen in Kriminal- und Civilsachen für „allerley Kronsleute" der niedern Stände — später in Civilsachen auch für die Bauern der Patrimonialgüter.[5] Die bäuerlichen Beisitzer in diesen Niederlandgerichten wechselten alle drei Jahre und mussten von ehrenhaftem und unbescholtenem Rufe sein, dagegen war es einerlei, ob sie Bauerwirthe, Knechte oder Hofesleute waren; gewöhnlich wählte man wohlangesehene Wirthe — Aelteste oder Rechtsfinder;[6] solche Bauern werden, wie Jannau sagt, „eine Leuchte unter ihren Brüdern, ein Muster ihres Gebietes oder Dorfes."[7]

Die Patrimonialgerichtsbarkeit blieb in den Händen des einzelnen Gutsherrn.

---

[1] Staraste (lettisch) und Küllakubjasse (estnisch).
[2] Für den Unterhalt des inhaftirten Hörigen hatte dessen Erbherr Sorge zu tragen. Vgl. Hupel, Topogr. Nachr. I. p. 426. u. Hupel, Nord. Misc. a. a. O. pg. 259 ff.
[3] 3. Juli 1783.
[4] Seit Einführung der Statthalterschafts-Verfassung bestand Livland aus 8 Kreisen (statt 4), es gab also 4 Nieder-Rechtspflegen. Vgl. Merkel, Letten. pgg. 205, 210.
[5] Vgl. Hupel, Statthaltersch. pg. 28. A. v. B—r. a. a. O. p. 25. Jannau, Sklaverey. pgg. 135. 166.
[6] Vgl. Hupel, Topogr. Nachr. II. pg. 210. — Merkel, Letten. p. 335. „Rechtsfinder" Panning Antzis (Hans aus dem Panning-Gesinde) in Gilsen (Kreis Wenden), 17. Febr. 1787. „Vgl. Acta in Appellat.-Sachen des Hrn. Maj. Heinr. Joh. von Ruckteschell c. Heinr. Joh. von Witten." Hofger.-Act. Lit. R. Vol. 6.
[7] Jannau, Sklaverey. pg. 136. Derselbe sagt: die bäuerl. Beisitzer erhalten einen „ansehnlichen Gehalt" (pg. 137). — Merkel (Letten. pg. 210) sagt: sie hatten „nur" 100 Rbl. Gehalt.

Beim Heirathskonsense spielte die Zuchtwahl eine grosse Rolle. Man richtete sein Augenmerk darauf, seine Bauernschaft möglichst zu vermehren. Weil nun der Landtagsschluss von 1765[1] eine Trennung von Ehegatten durch Veräusserung des einen Theils streng untersagte, so kam es natürlich darauf an, dass kein Mädchen an einen auswärtigen Burschen verheirathet wurde; es wird in Folge dessen der Ehe-Konsens oft verweigert,[2] dagegen ist es andererseits äusserst erwünscht, wenn ein Bursche heirathet, besonders aber, wenn er ein Mädchen aus fremdem Gebiete heimführt. Auf Heirathen, sowie auf neugeborene Kinder werden Prämien in Gestalt von Alkohol gesetzt.[3] An manchen Orten wird die Formalität der Kopulationsscheine (Erlaubnisschein des Gutsherrn zur Heirath) gar nicht mehr beobachtet, da dieselben den Amtleuten Anlass zu Erpressungen geben. Die Gutsherrn haben in solchem Falle mit dem Prediger die Abmachung getroffen, dass alle Leute aus ihrem Gebiete, die sich bei diesem melden, ohne Bedenken getraut werden.[4]

Die Person des Bauers wird überhaupt als Kapital betrachtet, über welches man fast unumschränkt disponiren kann. Wir haben gesehen, dass der Landtagsschluss von 1765 festsetzte, dass der Bauernverkauf, mit Ausnahme des Verkaufs auf dem Markte und über die Landesgrenze und der Trennung von Eheleuten, gestattet war.

Man verschenkte, vererbte, verpfändete, vertauschte und

---

[1] ad Prop. VII.

[2] Vgl. Merkel, Letten. pg. 179.

[3] — — — — „aber kleine Ermunterungen, durch welche vorsichtige Landwirthe die Menschenvermehrung bis zur Bewunderung hoch getrieben haben, will ich ihnen zum Ruhme hier nennen. Auch die kleinste Belohnung erzeugt bey dem Bauer mächtige Reize. Einem jeden Heurathenden geben sie etliche Stöfe Brandwein, und wenn er seine Braut aus einem fremden Gebiethe bringt, ein Fass Bier zur Hochzeit. Alle neugeborne Kinder werden von Hofs Seiten ebenfalls mit solchen trinkbaren Geschenken bewillkommet, ein untrügliches Mittel, ehestens von mehreren Schwangerschaften zu hören." Vgl. Hupel, „An das liefl. etc. Publ." pg. 139.

[4] Vgl. Hupel, „An das liefl. Publ." pg. 143 ff.

verkaufte den Leibeigenen wie irgend ein anderes Vermögensobjekt.[1]

Für alle diese Veräusserungsformen lassen sich aus den Gerichtsakten des vorigen Jahrhunderts Beispiele anführen. In Folgendem einige davon:

Im Testamente einer Frau von Rahden vom 14. April 1777 werden zwei männliche Dienstboten dem Gatten der Erblasserin vererbt. Es heisst dort: „Endlich habe ich auch (9no.) meinem Ehegemahl versprochen, dass sich derselbe zu seiner Bedienung zween erwachsenen Jungens aus Saarahof auslosen und selbige auf ewig zu erb und eigen behalten soll und ich will nicht hoffen, dass die Erbnehmer des Gutes hiewider Einrede machen, sondern alles vorbesagte in Erfüllung setzen .... werden."[2]

Eine Schenkung zweier männlicher Dienstboten und einer Magd finden wir im Testamente einer Frau v. Boltho von Hohenbach vom 1. December 1783: „auch habe ich ihm (dem Inspektor J. J. Hermann) zwey Jungen geschenkt: Schuhpul Jurre und Lohkomike Jahn, ingleichen eine Magd."[3]

Sehr interessante Belege für Vererbung, Cession, Verpfändung und Vertauschung von Dienstleuten finden sich in den Processakten des Lieutenants Reinhold Joh. von Rosenkampff von 1790. Herr von Rosenkampff erhielt von seinem Grossvater einen Erbbauer des Gutes Kudding, Namens Johann Jürgen, als Bedienten. Als ein Bruder des Herrn von Rosenkampff Kudding erbte, ertheilte er ihm eine besondere Cessionsschrift über den Bedienten. Einige Zeit darauf war Herr von Rosenkampff genöthigt, diesen Johann

---

[1] Vgl. Landtags-Abschiede von 1765, 1796, 1797.
[2] Testament der Barbara Helena v. Rahden. Saarenhof, 14. April 1777. „Acta in Supplique-Sachen des Herrn Obristen D. Chr. von Rahden c. die Erben des weil. Lieutenant C. E. v. Bussen." Hofger.-Akt. Lit. R. Vol. 5.
[3] Testament der Frau Lieutenant Helene Ulrica Boltho von Hohenbach, née von Ceumern. Fianden, den 1. December 1783. „Acta in Supplique-Sachen der Frau Lieutenant Juliane Dorothea von Rass c. Herrn Oberlandger.-Ass. von Tiesenhausen et Interessent." Hofger.-Akt. Lit. R. Vol. 7.

Jürgen nebst einem anderen Bedienten in Petersburg zu verpfänden. Es scheint, dass Johann Jürgen ein sehr geschickter und brauchbarer Diener war, denn Herr von Rosenkampff machte verschiedene Anstrengungen, ihn zurückzuerlangen. Da er ihn nicht auslösen konnte, so bewog er seine Brüder, einen andern Erbbauer gegen Johann Jürgen auszutauschen. Dieser Plan scheiterte an einer fehlenden gerichtlichen Bestätigung, und Johann Jürgen blieb in Petersburg zum grossen Schmerze des Lieutenants von Rosenkampff. Lassen wir diesen selbst den Fall erzählen: „Von meinem seeligen Herrn Grossvater noch erhielt ich einen Kudding'schen Erbkerl, Johann Jürgen, zur Aufwartung, als aber ..... mein mittelster Bruder ..... Kudding erhielt, ertheilte er mir über diesen Erbkerl eine besondere Cessionsschrift ..... Die grosse Noth, in die ich .... bei meinem Aufenthalt in Petersburg zuletzt gerieth, nöthigte mich, auch diesen braven Johann Jürgen, obgleich er mir ganz unentbehrlich war, nebst meinem andern Domestiquen bey einem Freunde zu verpfänden ... so sah ich mich dadurch, nicht ohne Schmerz kann ich daran denken, auf immer (!) dieser beiden herrlichen Bedienten beraubt. Wie ich aus Petersburg hier im Lande ankam, liessen sich zwar meine Brüder von mir dahin bewegen, dass sie zur Austauschung des Johann Jürgen einen andern Kerselschen Erbkerl nach St. Petersburg sandten, aber wegen fehlender gerichtlicher Bestätigung scheiterte der Plan und der neue Kerl kam wieder zurück." [1]

Für Austausch von Bauern sei ein Beispiel aus dem Kaufkontrakte des Gutes Neu-Calzenau vom 14. Juli 1794 angeführt.

Der Verkäufer, ein Herr von Rennenkampff, behält sich vor, an Stelle von 10 Leibeigenen beiderlei Geschlechts, 10 andere Leibeigene, die zum Theil namentlich aufgeführt werden, aus der Zahl der Neu-Calzenau'schen Dienstleute

---

[1] Vgl. „Acta in Supplique-Sachen des Herrn Lieutenants Reinhold Johann von Rosenkampff wider den in dessen Konkurs bestellten Kontradictor, Oberlandger.-Adv. Brescius, wegen Austauschung eines Erbkerls betr., ent. den 10. April 1790, geschl. den 3. Juny 1790, abg. den 1. July 1790." Hofger.-Akt. Lit. R. Vol. 5.

auswählen zu dürfen. Es heisst im Kaufkontrakte: „7mo. Da nach dem . . . . Verzeichniss der Bauerschaft die im Jacobing Gesinde befindlichen Leute, bestehend in fünf männlichen und in fünf weiblichen Seelen, nicht zum Gute Neu-Calzenau gehören, indem Herr Verkäufer sich diese Leute beim Verkauf des Gutes Alt-Calzenau vorbehalten hat, so will jedoch Herr Verkäufer diese Leute als bereits angesessene und gute Bauern bey Neu-Calzenau lassen und selbige Herren Käufer erblich übergeben, jedoch unter der ausdrücklichen Bedingung, dass Herr Verkäufer ebensoviel Leute aus der Zahl der Neu-Calzenauer Erbleute sich auszuwählen und gegen obbenannte Leute auszutauschen berechtigt sey; und zwar an Stelle des Jacoping Peter nebst Weib Maye und zwei Kindern, den bis hiezu im Hofe gewesenen Stallkerl Andres nebst dessen Weib Eva und zwei Kindern Ansch und Anne. In Stelle des Jacoping Jurre den bisherigen Stubenjungen Jurre, Sohn des Gulbisch Ansch, an Stelle des Jacoping Ansch des Puttan Jaun Ansch Knecht Andres und in Stelle des Jacoping Martin des Allunan Jahn Aufzögling Andres. In Stelle der beiden Mädchen in Jacoping Gesinde behält sich Herr Verkäufer ausdrücklich vor, hinführo, sobald er es bedarf, sich zwei Mägde aus dem Neu-Calzenau'schen Gebiete aussuchen zu können."[1]

Der Verkauf des einzelnen Individuums war durchaus üblich, es kam aber auch vor, dass Leibeigene in grösserer Anzahl verkauft, ja sogar öffentlich versteigert wurden.

So ist es z. B. nach einer grossen Hungersnoth — im Winter von 1788 auf 1789 — vorgekommen, dass im darauffolgenden Frühlinge im Dörpt'schen Kreise Waisenkinder, namentlich Mädchen im Alter von 6—12 Jahren, zu 5 Rthlr. das Stück verkauft oder auch umsonst weggegeben wurden.[2]

Die öffentliche Versteigerung von Bauern ohne Land

---

[1] „Acta in Sachen des Herrn Hofraths und Gewissensger.-Assess. Paul Reinh. v. Rennenkampff wegen des zu erlassenden Proclams in Betreff des an den Herrn Major Heinr. Joseph v. Kahlen verkauften Gutes Neu-Calzenau, ent. Wenden, den 21. July 1794." Hofger.-Akt. Lit. R. Vol. 5.

[2] Residir-Recess 1789 (August), in Actis Vol. LXXVII. No. 18 d. Rittersch.-Arch.

wurde durch Senats-Ukas vom 9. August 1771 verboten, doch fand 1789 noch eine solche zu Walk statt.[1]

Man veräusserte also Leibeigene durchaus wie Mobilien, etwa wie Hausthiere; der Preis richtete sich nach ihrer Brauchbarkeit.

Hier sei wiederum bemerkt, dass man diesen Umstand nicht mit dem Massstabe moderner Anschauungen einer Kritik unterziehen darf. Als was erschien der hörige Bauer im 18. Jahrhundert dem gebildeten Manne der höhern Stände, vor Allem dem Rittergutsbesitzer? In erster Linie immer noch als eine Sache, als nutzbringendes Kapital. Die Idee der allgemeinen Menschenrechte begann sich nur langsam Bahn zu brechen, die Scheidung der Stände war noch eine sehr schroffe, besonders aber in einer Adelsrepublik, als welche wir Livland in socialer Hinsicht betrachten können.

Die Person des Bauers als solche tritt noch vollkommen in den Hindergrund; liess man sich auf eine Betrachtung derselben ein, so geschah dieses meist mit einer Art neugierigen Interesses, wie man jetzt etwa eine interessante Thier- oder Menschenspecies fremder Zonen untersucht.[2] Man stand diesem Gegenstande durchaus kühl gegenüber.

Ferner kommen für Livland Momente hinzu, welche den Gegensatz zwischen Gutsherrn und Bauern besonders vertieften. Der Bauer gehörte einer fremden, unterdrückten und verachteten Nation an, er war in den Augen des Deutschen ein Paria, ausgestattet mit all' den üblen Charaktereigenschaften eines solchen. Schon oben ist von dem Hange der Bauern zum Trunke und zur Völlerei die Rede gewesen; der Lette war ferner, nach zeitgenössischen Schriftstellern, misstrauisch und kriechend unterwürfig dem Deutschen gegenüber, fühllos und roh, abergläubisch, bodenlos faul und leichtsinnig, der Este: listig, falsch, rachgierig, widerspenstig, missgünstig, unkeusch, zänkisch, frech und unhöflich. Lobend dagegen wird Intelligenz, Gutmüthigkeit und Dankbarkeit

---

[1] Vgl. E. Löning, „Befreiung des Bauernstandes." Balt. Monatsschrift 1880 pg. 113.

[2] Vgl. Diederichs. a. a. O. pg. 50.

bei den Letten, und ein gewisses herzhaftes Wesen bei den Esten erwähnt.[1] Es ist gar nicht zu leugnen, dass diese Eigenschaften nur zum Theil einer natürlichen Beanlagung entspringen, zum grössten Theile sind sie das Produkt Jahrhunderte langer politischer und moralischer Unterdrückung;[2] — in jedem Falle waren diese Eigenschaften nur geeignet, die Person des autochthonen Bauers dem Deutschen möglichst weit zu rücken. In der That war der Gegensatz der Nationen so gross, dass ein deutscher Bedienter es für unter seiner Würde gehalten hätte, mit einem „Undeutschen" an demselben Tische zu speisen.[3]

Diese Betrachtung kann es uns erklärlich machen, dass in der Veräusserung des einzelnen Individuums in der Weise einer Sache im Allgemeinen keine Handlung gesehen wurde, welche gegen die Humanität verstiess. Allerdings mochte es manche Gutsherrn geben, welche durch den Einfluss westeuropäischer Ideen zu der Anschauung gelangt waren, dass im Menschenhandel eine Herabwürdigung der Menschenwürde liege, doch bildeten die so Denkenden entschieden eine Ausnahme. Im Allgemeinen war bei der Betrachtung dieser Dinge das rein praktische Interesse massgebend.

Ungemein bezeichnend für die Anschauungsweise jener Zeit sind die Auslassungen des alten Pastors von Oberpahlen,

---

[1] Vgl. Merkel, Letten. pgg. 35, 50 ff. — Jannau, Sklaverey. pg. 167. — Hupel, Topogr. Nachr. I. pg. 513. II. pgg. 136 ff, 165. Bezeichnend für den Charakter der Letten ist die oben (pg. 30) angeführte Anekdote von den Phrygern des Königs Stephan. Nach anderen Überlieferungen soll Stephan die Worte Ciceros „Phryges plagis fieri solent meliores" (Orat. pro Flac. 27) gebraucht haben. Vgl. G. Bergmann, Geschichte von Livland etc. a. a. O. pg. 60. Bergmann überliefert uns auch das Urteil eines Pastors von Erla, Joh. Heinr. Hugke 1711—1741, über den Charakter der lettischen Nation: „Letticus idiotismus hic est: superbia, securitas et eheu tempore autumnali voluptas, connexa cum prigritia fere sempiterna". (ibid. pg. 145). — Ueber den Aberglauben der Esten finden sich recht interessante Darstellungen in einer sonst nicht sehr bemerkenswerthen Abhandlung in der Deutschen Rundschau (herausgegeb. v. J. Rodenberg) Bd. XXX. 1882. pg. 101 ff. u. 204 ff. „Aus dem esthnischen Volksleben."

[2] Vgl. G. F. Knapp a. a. O. I. pg. 76. Ueber die verächtliche Betrachtung des Leibeigenen vgl. C. J. Fuchs a. a. O. pg. 187.

[3] Vgl. Hupel, Topogr. Nachr. II. pg. 124.

Aug. Wilh. Hupel, über diesen Punkt. Er sagt: „Der Erbherr kann seine Leute vertauschen und verkaufen; selbst die Gesetze berechtigen ihn dazu, indem jetzt für gekaufte Erbleute eben die Poschlin (i. e. Verkehrs-Steuer) wie vom Verkauf des unbeweglichen Eigenthums an die Krons-Kassa bezahlt wird. — Zuweilen hat die Ritterschaft, sonderlich die liefländische, ihren Mitbrüdern eine Vorsicht in dieser Sache anempfohlen, aus Gründen, welche nicht in die gegenwärtige Abhandlung gehören. Ganz neuerlich wurde in Liefland eine Ukase bekannt gemacht, welche den Verkauf der Menschen ohne Land einschränkt. Einige, selbst hiesige Edelleute, verabscheuen einen solchen Verkauf, der wirklich den Menschen zum Thiere herabwürdigt und neben den Mastochsen setzt. Auf einer Seite äussert sich Härte, wenn man den Sohn aus den Armen seiner Eltern reisst und ihn wohl gar gegen einen Jagdhund oder Pfeifenkopf vertauscht." Andererseits — führt Hupel in seiner Betrachtung weiter aus — lässt sich Manches zur Entschuldigung des Menschenhandels anführen. Werden nicht in aller Herren Länder Rekruten verkauft? Auch giebt es Fälle, in denen sich der livländische Erbherr nicht gut anders zu helfen weiss, z. B. wenn er zu viel Bauern hat, die er nicht alle ernähren kann und für die er doch die Kopfsteuern zahlen muss. Oder es giebt da einen unverbesserlichen Taugenichts; mit diesem ist nichts anzufangen „denn Zuchthäuser haben wir nicht, in Eisen darf nach den jetzigen Gesetzen kein Mensch lange gehalten werden; liefert der Herr ihn an das Gericht, so muss er ihn ernähren und bekommt ihn nach einer ausgestandenen sehr mässigen Strafe doch wieder zurück; giebt er ihn zu Kronsarbeit ab, (Diebstahl von über 5 Rbl. wurde mit Zwangsarbeit bestraft) so verliert er ihn, oder bekommt ihn auch von dort nach einiger Zeit ungebessert zurück. Dann ist doch wohl der kürzeste Weg ein Verkauf!"[1]

Man sieht, wie eminent praktisch — bei aller theoretischen Humanität — Hupel kalkulirt. Aehnlich spricht er sich auch sonst aus. „Den Ueberfluss an Menschen können wir auf Tausend Arten nutzen, bey Fabriken, zum

---
[1] Nord. Miscel. a. a. O. pg. 257 ff.

Bauen, wir verkaufen sie in die Gegenden, wo Menschen fehlen und nach den Städten etc."[1] Ebenso kaltblütig, vielleicht mit leiser Ironie, spricht Hupel an anderer Stelle von den Durchschnittspreisen, die für Hörige gezahlt wurden. „Lostreiber und deren Kinder werden zuweilen verkauft, oder gegen andre Sachen, gegen Pferde, Hunde, Pfeifenköpfe u. dgl. vertauscht; die Menschen sind hier nicht so theuer als ein Neger in den amerikanischen Kolonien, einen ledigen Kerl kauft man für 30 bis 50, wenn er ein Handwerk versteht, Koch, Weber u. dgl. ist, auch wohl für 100 Rubel; ebensoviel giebt man für ein ganzes Gesinde (die Eltern nebst ihren Kindern), für eine Magd selten mehr als 10 und für ein Kind etwa 4 Rbl."[2] (?)

Beweise dafür, dass beim Verkaufe von Hörigen gegen die Bestimmungen des Landtags von 1765 verstossen worden ist, habe ich nicht auffinden können, ausser der oben angeführten Versteigerung von 1789 und einer Notiz von Merkel, dass es noch in den 90er Jahren vorgekommen sein soll, dass Gutsherrn ihre Hörigen als Rekruten verkauften.[3]

Das Entlaufen von Bauern dauerte fort[4] und nahm zu Zeiten so grosse Dimensionen an, dass die Ritterschaft eine Reihe von Massregeln treffen musste, um demselben zu steuern, oder wenigstens die Wirkungen desselben abzuschwächen.[5] In den Grenzländern war ein ganzes System zum Auskundschaften und Aufspüren von verlaufenen Erbbauern eingerichtet; in Kurland, Polen, Russland hatte die Ritterschaft

---

[1] „An das liefl. etc. Publ." pg. 139.

[2] Topogr. Nachr. II. pg. 127. „Er (der Erbherr) verkauft, vertauscht und verschenkt die Leute an wen er will." Vgl. Topogr. Nachr. II. pg. 237.

[3] „Noch im Sommer 1795 trieben Aufkäufer ganze Schaaren solcher Unglücklicher vor sich her." (Letten, pg. 165.)

[4] Hupel sagt: die Bauern entlaufen „aus Furcht vor verdienter Züchtigung, aus Verdruss, auch wohl aus blossem Uebermuthe". Vgl. Top. Nachr. I. pg. 520.

[5] Vgl Memorial wegen Verbesserung der Läuflings-Ordnung. Res.-Rec. v. 1765. Vol. XIV. pg. 24, in Actis Vol. LIII, N. 34 (unterzeichnet: v. Patkul, resid. Landrath und v. Budberg, Rit.-Sekret.). — Läuflinge nach Kurland unter dem Vorwande des Hopfenhandels. Beschluss vom

zu diesem Zwecke ihre Agenten und Kommissionäre;[1] mit Kurland, wohin die meisten Bauern verliefen, wurden besondere Grenzkonventionen abgeschlossen;[2] gegen das Entlaufen selbst, sowie namentlich gegen das Hehlen der Läuflinge wurden harte Verordnungen erlassen.[3] Alle Bemühungen aber konnten diesem Uebelstande nicht steuern, erst die Ertheilung vollständiger Freizügigkeit an die Bauern machte ihm ein Ende.

31. Juli 1777: Kein Bauer darf ohne Pass seiner Herrschaft nach Kurland. Vgl. Landtags-Rec. Vol. XVI pgg. 92, 101, in Actis Vol. LXV, N. 128. — Anfang der 80er Jahre besonders viel Läuflinge nach Kur- u. Russland. Vgl. Res.-Rec. v. 1780. Vol. XXVIII. pgg. 65, 79, 106, 109, 110, 111. — 16. Okt. 1783. Jeder Bauer erhält als Prämie für Ergreifen eines Läuflings 2 Rbl. Vgl. Landt.-Rec. Vol. XVIII. pg. 106.

[1] Agenten: Böhlendorff. Vgl. Res.-Rec. von 1767, pg. 396. Res.-Rec. von 1768, pgg. 672 u. 691 ff. — Simon gen. Schmul. Vgl. Res.-Rec. v. 1784, pg. 41. 1785, pg. 9. (erhält 3 Rthlr. pro Läufling; seit 1785, vgl. Res.-Rec. vom 12. Sept. 1785, pg. 61 ff — 5 Rthlr.) Landt.-Rec. v. 1786. Vol. XIX. pgg. 103, 106. — Obr.-Lt. v. Hagemeister erhält von der Ritterschaft Vollmacht zur Vindikation von Läuflingen aus Polen. Vgl. Res.-Rec. vom 26. Okt. 1786, Vol. XXXI. pg. 85. — Samuel Simon gen. Schmuel, als „bewährter Kundschafter" unter Hagemeister beibehalten, erweist sich als ungemein unbeliebt in Kurland. Vgl. Res.-Rec. v. 1787, Vol. XXXII. pg. 34. Res.-Rec. v. 1788, pgg. 116, 119, 125. — Lt. v. Rosenkampff erbietet sich für 10 Rbl. Prämie und Erstattung der Transportkosten Läuflinge aus Russland zu vindiciren, was angenommen wird. 19. Oktober 1786.

[2] Grenz-Konvention vom 10. Mai 1783. Für die Hehlung eines jeden livländ. Läuflings wurde eine Strafe von 200 Rthlr. festgesetzt.
1795. Landt.-Rec. v. 14. Dec. Vol. XXII. pg. 116.
1796. Res.-Rec. pg. 19. Landt.-Rec. Vol. XXIII. pgg. 16, 68 ff. Die Konvention wird aufgehoben und eine Kommission vom kurl. und livl. Adel eingesetzt zur Vindikation beiderseitiger Läuflinge.
1806. Residir-Rec. Vol. XLIX. pg. 31. (Ukas vom 11. Aug. 1805.) Landt.-Act. Vol. XXXII. N. 73 b. (Deliberat. 7.)
1810. Durch Namentl. Ukas v. 7. Jan. und Senats-Ukas v. 10. Febr. werden die Konventionen zwischen Kurland und Livland annullirt. Patent v. 2. Mai 1810.
1821. Senats-Ukas vom 31. Aug. Pat. vom 26. Juni 1723 und 28. Juni 1823.

[3] Gen.-Gouv.-Patente: 5. Juni 1766, 25. Aug. 1768, 3. April 1772, 14. März 1776, 8. Juli 1782; Ukase: ? Aug. 1766, 7. Sept. 1767, 27. Sept. 1782 (namentl. Ukas); Befehle d. Statthalt.: 22. Jan., 16. April und 23. Okt. 1784, 22. März und 28. Juni 1788, Ukas: 4. Juli 1784 (bekannt gem. 31. Aug.) und 10. April 1788. Vgl. gedr. Patente. pg. 47 ff.

DIE REFORMEN AM AUSGANGE DES XVIII. JAHRHUNDERTS.

REFORM-IDEEN. DIE LANDTAGE VON 1795, 1796, 1797 UND 1803. DIE BAUERVERORDNUNG VON 1804 UND DIE AUFHEBUNG DER LEIBEIGENSCHAFT.

Es ist oben schon erwähnt worden, welche Umstände zusammenwirkten, um die reformatorischen Bestrebungen des edlen Karl Friedrich v. Schoultz zu keinem Resultate kommen zu lassen; wir haben ferner gesehen, dass der Landtag von 1765 unter dem moralischen Drucke der Regierung eine Reihe von Verordnungen erliess, welche den Zustand der Bauern bessern sollten, und schliesslich ist ausgeführt worden, dass der reelle Werth dieser Verordnungen ein geringer war, und dass der moralische Werth derselben in der theoretischen Anerkennung der Misstände der bäuerlichen Lage zu suchen ist.

Der dritte Theil eines Jahrhunderts verging, bevor die Ideen Schoultz's und seiner Anhänger wieder ins politische Leben treten sollten — eine Periode, welche auch für Livlands Geschichte zu den wichtigsten zählt, insofern als 1783 Katharina II. die alte Verfassung aufhob und eine neue, die sogenannte Statthalterschaftsverfassung, einführte. welche ihrerseits 1796 der reaktionären Regierung Kaiser Pauls zum Opfer fiel.[1] Da diese Blätter sich aussschliesslich mit der

[1] Katharina II. starb am 17. Nov. 1796. Ein Ukas vom 28. Nov. ordnete die Restitution der alten Verfassung an.

Agrargeschichte Livlands beschäftigen, so ist auf diese wichtige Veränderung im Landesstaate nur soweit Rücksicht genommen worden, als es absolut nothwendig erschien. Der Landtag von 1792 war es, auf welchem die Bauernfrage wieder berührt wurde. Seit 1765 hatte sich Vieles in den Anschauungen der Zeit geändert, eine neue Generation war herangewachsen, viele junge Edelleute, die auf deutschen Hochschulen studirt hatten, kamen als Träger moderner Ansichten in die alte Heimath. Die Hochfluth freisinniger Ideen, welche den Westen Europas mächtig überfluthete, brandete auch gegen die fernen Gestade des baltischen Meeres. —

Die Meinung K. F. von Schoultz's, dass eine radikale Reform der bäuerlichen Zustände das einzige Mittel sei, um einen dauernden Wohlstand des Landes zu garantiren, fand immer mehr Anhänger. Eine Reihe liberaler Schriftsteller beschäftigte sich damit, ihrem Vaterlande dieses Evangelium zu predigen. Nicht immer aber waren die Motive, welche diesen Männern die Feder in die Hand drückten, lauter. Von Link und Eisen[1] ist schon oben die Rede gewesen. Ferner sind als vorwiegend ökonomische Schriftsteller der schon oft citirte Pastor von Oberpahlen[2] Aug. Wilh. Hupel, dessen sehr umfangreiche Schriften uns ein werthvolles Material für die livländischen Zustände in der zweiten Hälfte des 18. Jahrhunderts bieten, sowie W. Chr. Friebe zu nennen. Schliesslich sind noch Heinrich v. Jannau, Pastor zu Lais, und Dr. Garlieb

---

[1] Eisen von Schwarzenberg, Pastor zu Torma und Lohusu, ein eitler und ehrgeiziger Projektenmacher, „ein Typus jener gelehrten Glücksritter des 18. Jahrhunderts, die es darauf abgesehen hatten, in den östlichen Ländern, in die sie ausgewandert waren, um jeden Preis Carrière zu machen". Vgl. J. Eckardt, Balt. und russ. Culturstudien. pg. 120. — Vgl. ferner: v. Samson, Hist. Versuch. pg. 77. (Eisen ist der Verfasser jener Schrift, die Frh. v. Schoultz auf dem Landtage v. 1765 erwähnt.) — Vgl. J. Eckardt, Livland im 18. Jahrh. pg. 443. und Diederichs „G. Merkel" etc., pg. 43 ff. (Die Motive, welche den Eisen'schen Projekten zu Grunde lagen, werden hier vollständig übersehen.) — Ferner: v. Bruiningk, Livl. Rückschau. pg. 174 ff.

[2] von 1763—1818.

Merkel hervorzuheben. Die Schriften Beider, namentlich aber Merkels, haben zu ihrer Zeit ungemeines Aufsehen erregt und verdienen das Lob, zum Theil sehr gut geschrieben zu sein und mittelbar zu einer Verbreitung liberaler Ideen beigetragen zu haben; sie sind aber so sehr tendenciös gefärbt, dass sie nur mit der grössten Vorsicht benutzt werden können. Bei Merkel verdunkelt diese Eigenschaft alle sonstigen Vorzüge. Er ist einseitig, ohne jede historische Kritik, und „in allen technischen Fragen geradezu unzurechnungsfähig."[1] Der einzige Gesichtspunkt. welcher ihn leitet, ist ein glühender Hass gegen Adel und Geistlichkeit, ein Hass, welcher ihm einerseits die Fähigkeit verleiht eine packende — für seine Zeit geradezu erstaunliche — Beredsamkeit zu entfalten, andererseits ihn oft unfähig macht logisch zu denken.[2] Der Rahmen dieser Arbeit verbietet es, den Inhalt der

---

[1] Vgl. J. Eckardt, Landtags-Gesch. Balt. Mon. 1869. pg. 455.

[2] Oft wirkt die tentenziöse Darstellungsweise Merkel's geradezu lächerlich; wenn er z. B. bei ausgesprochen freisinnigen oder wenigstens unschuldigen Handlungen eines Edelmannes denselben eine mala fides zu imputiren versucht, z. B : „Jetzt fängt es an gebräuchlich zu werden, dass sehr wohlhabende, und wohl zu merken, kränkliche Edelleute Aerzte für sich und ihre Bauerschaft annehmen;" vgl. Letten, pg. 216, oder wenn Merkel sagt: „Ich bin also für das gegenwärtige Bedürfniss mit der Schilderung des Adels fertig, wenn ich sage, dass er feine Bildung besitze. Diess ist hinreichend; denn wer die feinern Classen eines Volkes kennt, kennet auch die in allen andern Ländern. Nirgend vermag Bildung gute Menschen zu schaffen, so wenig die vollkommenste Kunst einen Eichblock in eine marmorne Bildsäule verwandeln kann. Von Natur gute Charaktere gewinnen Veredelung durch sie, u. schlechte Verderbniss; wie aus demselben Stoffe ein gesunder Magen Nahrung, ein verdorbener Gift bereitet." (ibid.) Ferner: Die freien Letten und Esthen, pg. 209 (Verhandlungen des Landtags v. 1803). „Wahrscheinlich durch die Betrachtung geleitet, dass die Person des Bauern, sein Land und die Häuser dem Herrn gehörten, und er Vortheil davon habe, wenn seine Bauergüter gut bebauet wären, trug Herr Landrichter C. von Transehe darauf an: dass der Gutsherr bey einem solchen Bau (es handelt sich um den Aufbau eines durch einen Unglücksfall zerstörten Bauernhofes) gleichfalls hülfreiche Hand leisten möge. Es wurde abgeschlagen. Dass der Gutsherr die Bauern durch Balken aus seinem Walde unterstützen möge. Es wurde abgeschlagen. Dass wenigstens der Gutsherr dem Bauer einige Arbeitstage dafür zu erlassen schuldig

Schriften dieser Periode [1] näher zu besprechen, zum Theil sind sie im Vorhergehenden citirt worden, im Uebrigen kann ich auf die sehr interessante Abhandlung von H. Diederichs: „Garlieb Merkel als Bekämpfer der Leibeigenschaft und seine Vorgänger" verweisen.[2] Mag man nun über diese Schriften denken wie man will, in jedem Falle haben sie das Verdienst, den Funken, welchen Schoultz angefacht, brennend erhalten und so mittelbar an den Agrarreformen, welche sich in den neunziger Jahren vorbereiteten, beigetragen zu haben.

Schon oben ist des v. Bayer'schen Antrages — auf dem Landtage von 1792 — wegen Verbesserung der bäuerlichen Zustände gedacht worden; derselbe war wesentlich im Schoultz'schen Sinne gehalten. Der Landtag lehnte den Antrag ab mit der Motivirung, dass die schon vorhandenen Bauerverordnungen vorläufig genügten, um eine Garantie für die Wohlfahrt der Bauern zu bieten, und dass man im Uebrigen auf die Gesinnungstüchtigkeit der einzelnen Gutsherrn baue.[3] Erst der Landtag von 1795 nahm eine sympathischere Stellung zu der Bauern-Reform-Frage.

Der Boden für eine Agrarreform war nicht eben günstig in dieser Periode. Wie oben ausgeführt, war gegen Ende des 18. Jahrhunderts eine wirthschaftliche Krisis ausgebrochen, welche ein allgemeines Schwanken des Besitzes hervorgerufen

---

sei. Es wurde abgeschlagen." Vgl. Landtags-Recess v. 16. März 1803. — Diese hier angeführten Citate werden genügen, um die Merkel'sche Schreibweise zu charakterisiren.

[1] Ausser den oft citirten Schriften von Merkel, Böttiger, Jannau, Eisen, Friebe und Hupel sind noch hervorzuheben: „Die Gedanken über den Sklavenstand der Bauern von einem liefländischen Landrathe." 1782. (abgedruckt bei Hupel, Topogr. Nachr. III. pg. 624 ff.) — Ferner: (J. Chr. Petri) „Briefe über Reval nebst Nachrichten von Ehst- und Liefland. Ein Seitenstück zu Merkel's Letten." 1800. — H. F. Tiebe: „Lief- und Ehstlands Ehrenrettung gegen die Herren Merkel u. Petri." Halle 1804.

[2] Balt. Monatsschrift. 1870. pg. 38 ff. Ueber Merkel vgl. v. Bruiningk, Apolog. Bem. Balt. Mon. 1880. pg. 265.

[3] Landtags-Recess von 1792. Vol. XXI. pgg. 91 u. 162. Vgl. F. Bienemann, Statthalt. Zeit. Balt. Monatschr. 1885. pg. 203.

hatte. Diese Krisis wurde noch durch den Umstand verstärkt, dass es keine Kreditanstalt im Lande gab, an welcher der Adel in seiner misslichen Lage — seine Schuldenlast betrug 11 Millionen Rbl. — einen Rückhalt finden konnte. Seit 1789 stand die Einrichtung einer Kreditanstalt auf der Tagesordnung der Landtage, es gelang jedoch der Ritterschaft nicht die Genehmigung der Regierung für diesen Plan zu erlangen.[1] — Ein grosser Theil des Adels war der wirthschaftlichen Krisis zum Opfer gefallen, oder im Begriffe bankerott zu werden. Es ist zu verstehen, dass die Bauern-Emancipation in den Augen solcher Gutsherrn keine Gnade fand, da sie eine Einbusse gewisser Einnahmen bedeutete. Dass dieselbe mit der Zeit die augenblicklichen Ausgaben reichlich decken würde, dass überhaupt eine Reform der Bauernangelegenheiten auch in wirthschaftlicher Hinsicht von grossem Nutzen sein würde, sahen viele Gutsherrn entweder nicht ein, oder falls sie es auch thaten, so scheuten sie die augenblicklichen Rückgänge der Einnahmen — die ihnen freilich auch gefährlich werden konnten — kurz: die Bauernfrage gestaltete sich bei Vielen zur Existenzfrage.

Andererseits wurde die Bauernfrage allerdings auch vom Standpunkte humaner Anschauungen betrachtet, wenngleich diese Anschauungsweise in ihrer vollen Entwickelung erst in die ersten Decennien des 19. Jahrhunderts fällt; in erster Linie aber herrschte das wirthschaftliche Interesse so sehr vor, dass es als ein gewagtes Unternehmen erschien, die Bauernfrage vor den Landtag zu bringen. Es bedurfte des eisernen Charakters, des unbeugsamen Muthes und Pflichtgefühles eines Mannes, wie Friedrich v. Sivers es war, um den Versuch zu wagen und durchzuführen.

Friedrich Wilh. von Sivers war 1792 zum Gouvernements-Adels-Marschall[2] gewählt worden, ein Mann von hervorragenden Eigenschaften des Charakters und des Geistes,

---

[1] Vgl. v. Bruiningk Livl. Rückschau. pg. 191. J. Eckard. Landtagsgesch. pg. 459. F. Bienemann. Statthalterl. Zeit. Balt. Monatsschr. 1885. pg. 203.

[2] So hiess in der Statthalterschafts-Verfassung der Landmarschall.

sowie von ungewöhnlicher Beliebtheit bei seinen Standesgenossen.[1]

Sorgfältig, wie ein guter Feldherr, bereitete Sivers seine Reformbewegung vor. — Nachdem er sich mit seinen Gesinnungsgenossen, den Trägern der Schoultz'schen Ideen, unter denen an erster Stelle Graf Ludwig August v. Mellin[2] und Karl Otto v. Transehe-Roseneck[3] zu nennen sind, ins Einvernehmen gesetzt hatte, bewog er den Oberpastor von St. Jakob, Sonntag, in dem Gottesdienste, welcher jeden Landtag einzuleiten pflegt, dem versammelten Adel die moralischen Pflichten, welche demselben seinen Unterthanen gegenüber geziehmen, vorzuführen. In begeisterter Rede entwickelte

---

[1] Obrist Friedrich von Sivers, geb. 26. Juli 1748, Erbherr auf Ranzen, Adelsmarschall (1792—1797), dann Landrath, 1811 Civil-Gouverneur von Kurland, 1814 Geheimrath und Senateur. † 27. Dec. 1823. Vgl. Allgemeines Schriftsteller- und Gelehrten-Lexikon der Provinzen Livland, Esthland und Kurland von Johann Friedrich v. d. Recke uud K. E. Napierski. Mitau, 1832. Bd. IV, pg. 204.

[2] Graf L. A. Mellin, geb. in Toal (Estland) 23. Januar 1754 studirte in Bologna, Major beim russischen Generalstab, 1786 Direktor des livländischen Oberkonsistoriums, 1797 Landrath, Mitglied der Akademien und gelehrten Gesellschaften von Bologna, Bern, Göttingen, Petersburg etc. † 1828. Vgl. Recke und Napierski, Allgem. Schriftsteller- etc.-Lexikon. Bd. III., pg. 190 ff.

[3] K. O. v. Transehe-Roseneck, geb. 12. Juli 1761, 1795 Kreismarschall für Wenden, 1797 bis 1818 Kreisdeputirter, 1799—1802 Adelskurator der Universität Dorpat, 1818—1837 Landrath und Oberdirektor des Kredit-Vereines, Erbherr auf Selsau und Kronenhof (seit 1792), auf Neu-Schwanenburg und Roseneck 1806, Rosenhof und Schönangern seit 1821. † 5 Jan. 1837: Vgl. H. v. Brackel „Carl Otto Transehe v. Rosenck", 1838. Vgl. v. Stryk, Gütergesch., II, pg. 333, 395 ff. — Mellin und Transehe genossen wegen ihrer aussergewöhnlichen Bildung die höchste Achtung ihrer Standesgenossen. Ersterer war bei dem Grossfürsten Paul sehr gerne gesehen und hervorragend schriftstellerisch thätig, letzterer war längere Zeit „in dem Utopien des 18. Jahrhunderts, in Amerika, gewesen und konnte sich der persönlichen Bekanntschaft Washingtons und Hamiltons rühmen." Vgl. J. Eckhardt Landtagsgesch. Balt. Mon. 1869, pg. 459 — Ferner sind als an der Spitze der liberalen Bewegung, v. Gersdorff, v. Bock, v. Buddenbrock, v. Fersen, v. Bayer, v. Pistohlkors und v. Eckesparre zu nennen. Vgl. J. Eckardt Landtagsgesch. pg. 459. — Merkel, d. freien Letten und Esten, pg. 169. — Livl. Rückblicke, pg. 42.

Sonntag die humanen Anschauungen der Reformpartei und führte der Ritterschaft die heiligen Pflichten vor, welche ihr die Rechte, die sie ihren Hörigen gegenüber ausübt, auferlegten. „Gute Vorschläge hören und thun und befolgen Sie, Väter des Landes, besonders über jenen Gegenstand, der mit Allem zusammenhängt, was Ihnen heilig sein muss — mit ihrem Sittlichkeitsgefühle, mit ihrem äusseren Wohlstande, mit der Sicherheit des Landes, vielleicht mit dem Leben ihrer Kinder und Enkel. Was anderes könne dieses seyen als die Verbesserung und Erhöhung des Wohlstandes unseres Landmanns? Dass hier noch viel zu thun sei, sagen alle Gute und wahrhaft Edle unter Ihnen selbst laut, das fühlt jeder tief, der die scharf abstechende Kultur des Gebieters und des Gehorchenden beherzigt, das ruft dir, Adel Livlands, die Stimme Livlands, die Stimme des gesammten gebildeten Europas auffordernd zu!"[1]

Noch unter dem starken Eindrucke dieser Rede[2] stehend, empfing der Adel die Reformvorschläge v. Sivers, deren wichtigste Seite die Bemessung der bäuerlichen Leistungen bildete. Der Landtag beschloss die Entscheidung der Bauernfrage dem Adels-Konvente zu überlassen, die Beschlüsse desselben sollten durch die Kreismarschälle den Gutsherrn der einzelnen Kreise vorgelegt, von diesen begutachtet und an den Konvent zurückgegeben werden, welcher sodann die endgültigen Bestimmungen als Langtagsschluss publiciren sollte.[3]

Der Adels-Konvent trat im Juli 1796 zusammen und verhandelte die Bauernfrage.[4] Seine Beschlüsse kehren auf dem Landtage desselben Jahres wieder und brauchen desshalb nicht besonders angeführt zu werden.

[1] „Ermunterung zum Gemeingeist, eine Predigt bei der Eröffnung des livländischen Landtags den 3. Dec. 1795, gehalten von Karl Gottlob Sonntag. Durch E. Hochwohlgeb. Ritterschaft zum Drucke befördert". Riga, gedruckt bei Müller. Vgl. Merkel, Die freien Letten etc. pg. 170 und J. Eckardt Landtagsgesch. Balt. Monatsschr. 1869. pg. 460.
[2] Der Adel votirte Sonntag eine kostbare Tabatière und verfügte den Druck der Predigt.
[3] Landt.-Rec. v. 19. Dec. 1795. Vol. XXII. pg. 86.
[4] Res.-Rec. v. 21. u. 23. Juli 1796.

Im September 1796 war durch kaiserlichen Ukas[1] ein ausserordentlicher Landtag berufen worden, um die Angelegenheiten der Fouragelieferungen an die Truppen, welche sich seit 20 Jahren in grosser Unordnung befanden, zu reguliren.[2] Sivers benutzte die Gelegenheit,[3] um die Agrarfrage abermals in den Vordergrund zu stellen, und es gelang ihm, gestützt auf seine Anhänger,[4] trotz der heftigen Opposition, welche ihm seine Gegner entgegensetzten,[5] einen Landtagsschluss zu Wege zu bringen, welcher nicht unbedeutende Reformen der bäuerlichen Zustände enthielt.

Die Verordnungen stützen sich wesentlich auf den Landtagsschluss von 1765 und enthalten folgende Bestimmungen:

1. Besitz.

Der Bauer hat ein Eigenthumsrecht an Mobilien, welche er erwerben und veräussern darf, ohne einer besonderen Erlaubniss seines Gutsherrn zu bedürfen.[6]

Der Grund und Boden bleibt Eigenthum des Gutsherrn. Das Bauernlegen ist gestattet. Der ausgetriebene Bauer erhält aber alle Auslagen, die er beim Bau von Häusern, bei Meliorationen etc. gehabt hat, ersetzt, ebenso wird ihm seine Ernte vergütet.

Eine Vergrösserung der Hofesfelder durch Einziehen von Bauerland darf aber nur stattfinden, wenn der Gutsherr beweisen kann, dass das Verhältniss der arbeitsfähigen Männer auf seinem Gebiete zu der Grösse des Hofeslandes derartig ist, dass ein Ueberschuss von Arbeitskraft vorhanden und dass

---

[1] vom 20. Mai 1796.
[2] Vgl. J. Eckardt. Landtagsgesch. Balt. Mon. 1869. pg. 467.
[3] Vgl. Rede F. v. Sivers'. Landt.-Rec. v. 1796. Vol. XXIII. pg. 28.
[4] Vorschläge: L.-R. Vol. XXIII. pg. 46 (v. Eckesparre), in Actis Vol. LXXX. N. 47. pg. 82 (v. Buddenbrock), pg. 152 (v. Bock), pgg. 160, 163 (Kreis-Marschall v. Transehe), in Actis N. 59. pg. 165 (v. Fersen).
[5] Landt.-Rec. 1796. pg. 31—33. (v. Richter), pgg. 33—34 (v. Rosenkamff), pgg. 35—36 (v. Zimmermann).
[6] Von der Veräusserung ist allein das sog. eiserne Inventar ausgenommen, welches genau fixirt ist (pro Viertelhäkner: 4 Pferde, resp. 8 Ochsen, 10 Stück alten und jungen Hornviehs, 15 Lof Sommer-Saat). Vgl. Landtags-Schluss v. 20. Sept. 1796. Punkt 3 und 4.

eine Vermehrung der Hofesfelder auf keine andere Weise möglich ist.[1] Mithin ist das Bauernlegen, wenn auch in der Theorie gestattet, doch nur auf gewisse Fälle beschränkt.

Bei der Neugründung von Bauernhöfen auf wüstem Busch- oder Hofeslande gilt die Regel, dass das vorgefundene Inventar dem Gutsherrn gehört;[2] richtet sich aber der Bauer selbst ein, so müssen ihm 3 Freijahre bewilligt, d. h. alle Leistungen 3 Jahre hindurch erlassen werden.[3]

2. Leistungen.

Es sollen bis zum 1. Mai 1797 neue genaue Praestandenverzeichnisse von den einzelnen Gutsherrn den Kreis-Marschällen eingereicht werden;[4] bei diesen Verzeichnissen sollen auch alle Gesinde und alle Personen von 15 – 60 Jahren aufgeführt sein. — Das Minimum der arbeitsfähigen Personen pro Gesinde wird bestimmt.[5] Ferner soll die Grösse der Getreideaussaat des Rittergutes gegeben werden, wobei auf den Arbeiter mit Anspann ein Maximum gesetzt wird.[6]

Die Leistungen sind durch die eingeschickten Verzeichnisse normirt. Extraordinaria onera sind nur dann gestattet, wenn der Bauer seine Schulden oder die Kopfsteuer nicht zahlen kann, in diesem Falle darf ihm Frohne auferlegt und mit 25 Kopeken pro Tag Spanndienst und 15 Kopeken pro Tag Handdienst berechnet werden, doch dürfen diese Frohntage nicht während der Mistfuhr, der Saat- und Erntezeit gefordert, auch nie mehr wie ein Arbeiter zu gleicher Zeit aus einem Gesinde genommen werden.[7] Fuhren hat der Bauer nur bei

---

[1] Punkte 5 d und 13.
[2] Der Bauer kann das Inventar erwerben.
[3] Punkt 10.
[4] Widrigenfalls die Verzeichnisse von 1765 und 1784 (vgl. oben) als Norm dienen sollen. (Punkt 5.)
[5] Ein Viertler muss mindestens 3 arbeitsfähige Personen männl. Geschlechts haben. (Punkt 5 c.)
[6] Jährlich 2 Lofstellen (à 10000 □ Ellen) an Winterkorn im Brustacker oder ½ Lofstelle im Buschlande für jede Jahreslotte. Hiernach berechnet sich auch die Vergrösserungsfähigkeit des Hofeslandes, vgl oben: Bauernlegen. (Punkt 5 d).
[7] Punkt 6.

Hofesgefällen¹ zu leisten, und zwar 4 Fuhren vom Viertler, sonst nur nach freiem Kontrakt.²

3. Person.

Die Hauszucht wird beschränkt, ein Maximum der Ruthen- und Gefängnisstrafe bestimmt.³ Auch die Veräusserung von Hörigen wird eingeschränkt; ein Bauer darf nur an Edelleute, die in der Riga'schen Statthalterschaft besitzlich sind, verkauft werden, wobei Eheleute nie getrennt werden dürfen⁴; dagegen kann eine Schenkung auch an unbesitzliche Edelleute stattfinden, falls diese zur allernächsten Blutsverwandtschaft des Schenkers gehören.

Zu der Schlichtung von Streitigkeiten unter den Bauern soll der Gutsherr Bauerngerichte einrichten, deren Mitglieder von den Bauern gewählt werden. Der Gutsherr bleibt Ober-Instanz.⁵

Schliesslich hat der Bauer ein Klagerecht gegenüber seinem Erbherrn⁶ mit folgenden Einschränkungen: Er muss persönlich und mündlich klagen;⁷ er muss zuvor die Befehle seines Herrn ausgeführt haben;⁸ es dürfen nicht mehr wie höchstens 2, oder bei einer Klage des ganzen Gebietes 4 Bauern bei dem

---

¹ i. e. landwirthschaftliche Produkte des Rittergutes.
² Die Fuhren durften nicht auf weitere Strecken gefordert werden, als die Entfernung des weitesten livländischen Seehafens von dem betr. Gute betrug. (Punkt 7.)
³ Punkte 14 und 15.
⁴ Punkt 1. Wer dagegen handelte, verfiel einer Geldstrafe von 500 Rbl. B. A (Banko-Assignaten). Die einzige Ausnahme dieser Bestimmung besteht im Verkaufe unverbesserlicher Taugenichtse gemäss einem Attestat des Predigers und der Kirchenvorsteher, und zwar an diejenigen Personen, die Leibeigene in Livland besitzen dürfen. (Punkt 2.)
⁵ Punkt 12.
⁶ Die Instanzen für Bauernklagesachen sind folgende: 1. Niederlandgericht (Punkt 17), 2. Kreismarschall (Punkt 18), 3. Landmarschall und Adelskonvent (Punkt 19).
⁷ Punkt 16.
⁸ Punkt 20. (Da der Bauer nicht im Stande ist, einen event. Schaden, welchen er dem Gutsherrn durch Nichterfüllung von dessen Befehlen zugefügt hat, zu ersetzen.)

Gerichte erscheinen, um aufrührerische Zusammenrottungen zu verhüten.[1]

Dieses sind die Bestimmungen des Landtages von 1796. Wenige Monate nach demselben, im Januar 1797, wurde der Tod der Kaiserin Katharina Veranlassung zu der Einberufung eines abermaligen ausserordentlichen Landtages, welcher die Verhandlungen über die Bauernfrage aufnahm und die im September 1796 gefassten Beschlüsse erweiterte.[2]

Die Verordnungen von 1796 bleiben bestehen und erhalten folgende Aenderungen im reformatorischen Sinne:

1. Besitz. Beim Bauernlegen wird ausser der Vergütung der etwaigen Auslagen des ausgesetzten Bauers eine gewisse Entschädigungssumme extra vom Gutsherrn gezahlt.[3] Bei der Neugründung von Bauernhöfen erhält der Bauer 6 Freijahre, wenn er sich selbst einrichtet; richtet ihn aber der Gutsherr ein, so geniesst er nach der ersten Ernte 6 Freijahre an Abgaben (Gerechtigkeiten), leistet aber — falls er, dem Anschlage seines Gesindes entsprechend, genug Leute hat — Gehorch.[4]

---

[1] Punkt 21. Grundlose Klagen wurden das erste Mal mit 10, das zweite Mal mit 20 Paar Ruthen, das dritte Mal mit einem Jahre Festungsarbeit gestraft; wenn andererseits ein Gutsherr der Erpressung überführt wurde, musste er dem Bauer den Schaden doppelt ersetzen. Wegen tyrannischer Behandlung waren folgende Strafen für den Gutsherrn festgesetzt: Beim ersten Male sollte er die Disposition über sein Gut auf drei Jahre verlieren, welches unter die Vormundschaft des Adelskonvents gestellt wurde; beim zweiten Male verlor er die Dispositionsfähigkeit für immer (und zwar über jedes Gut), und war von jeder Adelsversammlung ausgeschlossen; wenn zugleich ein Kriminalverbrechen vorlag, so wurde er dem Staatsanwalt (actor officiosus) übergeben. (Punkt 25.)

[2] Der Landtags-Schluss v. 1797 ist abgedruckt bei v. Samson, Hist. Versuch. Beilage B (pg. 158). Kommission ernannt zur Ausarbeitung der Bauernfragen. Vgl. Landt.-Rec. v. 1797. pgg. 37, 71 u. 75. (Vol. XXIV.)

[3] und zwar dem Viertelhäkner 30, dem Halbhäkner 60 Rbl. S. Punkt 16.

[4] Punkt 14. Bei der Messung und Eintheilung der Bauerländereien wird die schwedische Taxationsmethode angewandt, die sonst auf den Krongütern vorgeschrieben und auf den Privatgütern gebräuchlich war.

2. **Leistungen.** Für die einzureichenden Praestanden-Verzeichnisse wird ein besonderes Schema vorgeschrieben, welches die Leistungen dem Werthe des Landes anpasst;[1] auch die sogenannten Extraordinaria müssen auf das Genaueste angegeben werden.[2]

3. **Person.** Solche Hörige, die an nahe Blutsverwandte verschenkt sind, dürfen wohl vererbt, aber nicht weiter veräussert werden.[3] Die Veräusserung untauglicher und unverbesserlicher Subjekte wird noch mehr eingeschränkt.[4] Die Strafen für schlechte Behandlung der Bauern werden bedeutend erhöht.[5]

Die Resultate dieser Verordnungen von 1796 und 1797 waren ein bedeutender Fortschritt gegen früher. Der Bauer ist zwar noch immer ohne Freizügigkeit und besitzt kein Recht am Boden,[6] insofern als er beliebig von seinem Gesinde ent-

---

[1] Punkt 5.
[2] Punkt 6. Die Verzeichnisse müssen innerhalb 6 Wochen nach Empfang des Schemas — bei 100 Rbl. B. A. Strafe — eingereicht sein. (Punkt 8.) Die Arbeit zu Fuss wird auf 15 Kop. resp. 5 Mark, die mit Anspann zu 30 Kop. resp. 10 Mark festgesetzt. (Punkt 10.) Vgl. die Bestimmungen des Landtags von 1796 über Extraordinaria.
[3] Punkt 1.
[4] Punkt 2. Es ist ein Attestat des Ordnungsrichters und der Kirchenvorsteher nöthig, auf Grund eines Zeugnisses von 6 Bauerwirthen, welche die Gemeinde zu diesem Zwecke wählt.
[5] Punkt 26. Bei Übervortheilung resp. Erpressung muss der Gutsherr ausser dem doppelten Ersatze das erste Mal 100, das zweite Mal 200, das dritte Mal 400 Thlr. Alb. u. s. f. zahlen. — Bei tyrannischer Behandlung wird er sofort dem Staatsanwalt übergeben.
[6] welches das Ascheraden-Römershof'sche Bauern-Recht dem Bauer ertheilte: „Dem Erbherrn soll gleicherweise nicht erlaubt seyn, einen Bauer nach seiner Willkühr von dem Gute zu trennen etc.", wenn auch nicht in vollstem Masse, insofern als der Besitz des Gesindes nicht vollständig gesichert war (vgl. § 2 d. Asch.-Röm.-B.-R.). Im Konvents-Recesse vom 23. Juli 1796 heisst es: „Der Herr Kreismarschall Hofrath v. Transehe trug hierbei an, wie er es für nothwendig halte, gewisse Grundsätze festzusetzen für die Fälle, in welchen es erlaubt sein könnte, einen Wirth aus seinem Gesinde auszusetzen, worauf, nach-

fernt und unter Umständen ohne Land veräussert werden kann, dagegen sind die bäuerlichen Leistungen normirt und die fast absolute Gewalt des Gutsherrn über Person und Habe des Bauers gebrochen.

Während der Landtagsschluss von 1765 unter dem Drucke der Regierung erlassen wurde, sind die Reformen an der Wende des 18. Jahrhunderts, auf denen sich die ganze Agrargesetzgebung Livlands aufbaut, von dem Adel ausgegangen. — Diese Periode ist von grosser Bedeutung für die Geschichte des Landes; mit Stolz erinnere sich der Livländer daran, dass sich hier eine wichtige Entwickelung unter den Auspicien eines Standes vollzog, welcher sonst in fast allen Ländern, wo diese Entwickelung in analoger Weise vor sich ging, als der natürliche Feind derselben erscheint.

Der Landtag von 1797 hatte eingesehen, dass die Schritte, welche für die Wohlfahrt der Bauern unternommen waren, noch nicht genügten; vor Allem sollten die Verordnungen, welche bis dahin nur den Charakter privater Abmachungen trugen, dem Kaiser zur Bestätigung übergeben und ferner ein allgemeines Gesetzbuch für die Bauerngerichte von dem Konvente abgefasst und dem nächsten Landtage zur Prüfung und Bekanntmachung unterbreitet werden.[1]

Der Landtagsschluss von 1797 wurde gedruckt[2] und Kaiser Paul I. überreicht; dieser liess seinerseits den Plan „einigen Sena-

---

dem über die Frage, ob der Herr willkürlich seinen Bauer aus dem Gesinde solle heraussetzen können, votirt, die Pluralität dahin ausfiel: dass der Herr solches solle thun können, doch mit der herkömmlichen Entschädigungsweise."

[1] Punkt 27 des Landtagsschlusses v. 1797. — Ueber Arbeiten in der Bauernfrage vgl. Res.-Rec. 1797, pgg. 26, 156, 316, 329, 341, in Actis Vol. LXXXII. N. 232.

[2] „Landtagsschluss zur Verbesserung des Zustandes der Bauern als im Monat Januar des 1797. Jahres auf dem ausserordentlichen Landtage in Riga die den Privilegien gemässe Verfassung durch allerhöchste Gnade Sr. Kaiserl. Majestät Paul I. wiederhergestellt ward." Moskwa, 1797.

toren" zur Begutachtung übergeben, damit deren Sentiments der nächsten Adelsversammlung vorgelegt werden konnten.[1] Dieses geschah auf dem Landtage im April 1798 und der Adel beschloss hierauf eine Kommission zu ernennen, mit dem Auftrage die Verordnungen von 1797 noch einmal auszuarbeiten;[2] ungeachtet dessen sollte aber der Landtagsschluss von 1797 Sr. Majestät zur Bestätigung unterbreitet werden. Die Bestätigung unterblieb, auch trat während der Regierungszeit Kaiser Pauls keine Weiterentwickelung der Bauernfrage ein, obgleich der General-Gouverneur v. Nagel 1800 auf kaiserlichen Befehl die genaue Feststellung der bäuerlichen Leistungen und Regulirung der Wackenbücher verlangte.[3]

Am 23. April 1801 starb Kaiser Paul, ohne eine Verfügung über die livländische Bauerverordnung hinterlassen zu haben. Ihm folgte Alexander I., dessen humane, moderne Ideen den gedeihlichen Fortgang der Agrarfrage zu befördern versprachen. Mit Jubel wurde im ganzen Reiche die Thronbesteigung des jungen Monarchen begrüsst, von dem man so Vieles erwartete und hoffte. Diese Stimmung zeigt auch die Eröffnungsrede des Landmarschalls v. Buddenbrock auf dem Landtage von 1802.[4]

Voller Hoffnung sah die liberale Partei des Adels in die Zukunft. Als im Sommer des Jahres die estländische Ritterschaft[5] dem Kaiser eine Reihe von Verbesserungs-

---

[1] Vgl. Landtags-Rec. 22. April 1798.

[2] Vgl. Arbeiten: Rit.-Archiv-Desigt. ad pg. 63. N. 23. Konv. Lit. C, b, jetzt: Arch. N. 129, in Actis Vol. LXXXII. N. 23. Vgl. Res.-Rec. 1798, pgg. 307, 321.

[3] Vgl. Res.-Rec. v. 1800, Vol. XLIII, pg. 185. Antwort v. 28. Juli pgg. 187, 196 ff, 199 ff, 205 ff, 232. — Vgl. v. Samson, Hist. Versuch, pg. 95 und J. Eckardt, Landtagsgesch. Balt. Mon. 1870, pg. 89.

[4] Ueber die Geschichte dieses Landtags vgl. J. Eckardt. Balt. Mon. 1870, pgg. 89—99.

[5] In erster Linie ist als intellektueller Urheber der estländischen Bauern-Befreiung der Ritterschafts-Hauptmann Jacob v. Berg anzusehen. Vgl. v. Samson, Hist. Versuch. pg. 95.

vorschlägen der bäuerlichen Verhältnisse [1] vorgelegt hatte, nahm Alexander dieselben äusserst huldvoll auf. Dieser Umstand veranlasste Friedr. v. Sivers nochmals den Landtagsschluss von 1798 dem Kaiser zur Bestätigung zu unterbreiten,[2] worauf derselbe folgendes huldreiche Schreiben[3] an Sivers richtete:

„Herr Landrath Sievers! Mit Vergnügen habe ich den Eifer der livländischen Ritterschaft in Betreff des zu erleichternden Schicksals der Ackerleute ersehen, und Ihre, Mir mit dem Rapport des Riga'schen Militairgouverneurs Fürsten Golitzin zugesandte, bereits im Jahre 1796 getroffene Beschlüsse geprüft. Wenn selbige auch nicht völlig das Ziel erreichen, welches von der wohlthätigen Absicht des livländischen Adels zu erwarten steht, so lässt sich doch mit voller Ueberzeugung von der aufgeklärten Menschenliebe dieses ausgezeichneten Standes annehmen, dass derselbe ohne Verzug Zusätze machen wird, die dem jetzigen Zeitalter entsprechen. Das Recht, den Bauer verkaufen und verschenken zu dürfen, müsste mehr eingeschränkt und gemildert, die ausserordentlichen Abgaben und Arbeiten, die im sechsten Punkte festgesetzt worden, verringert und abgeändert werden. Was aber die Verpflichtung der Bauern betrifft, die Produkte des Hofes nach entfernten Gegenden zu führen, welche der eilfte Punkt festsetzet: so hat dies den Anschein einer grossen Ungerechtigkeit. Ich erlaube Ihnen, den Juni-Monat des künftigen Jahres nicht abzuwarten,[4] der Adelsversammlung diese Beschlüsse vorzulegen, um — wenn sie diese Gegenstände aufs neue geprüft hat — sie Mir mit denjenigen Abänderungen und Zu-

---

[1] Vgl. Abschrift einer Supplik der estländ. Ritterschaft, den Bauern-Zustand betreffend, v. 30. Juli 1802. Rit.-Archiv. Desigt. ad pg. 63, N. 23. Konv. C. N. 2.

[2] Den 28. August 1802. Vgl. Res.-Rec. Vol. XLV. pg. 232. Das Memorial „wird der geneigten Verwendung Sr. Durchl. des Fürsten Galizin anempfohlen". Ausfertigung sub N. 550, 551.

[3] Vgl. Landt.-Akt., Vol. XXX, pgg. 143—144, abgedruckt bei v. Samson, Hist. Versuch, pg. 95 ff.

[4] Der Juni 1803 war der Termin des nächsten ordentlichen Landtages.

sätzen, welche sie für gut befunden haben wird, vorzustellen. Auch scheint es mir nöthig, dass ein Punkt zugesetzt wird, welcher den Bauern die eheliche Freiheit dergestalt verstattet, dass sie nur durch die Rechte der Kirche und die Verweigerung der Eltern eingeschränkt werden könne. Der Zweck in Betreff der Rechtspflege für den Bauern kann nicht erreicht werden, wenn der Herr allein als sein Richter anerkannt wird. Dieses Recht könnte füglich Richtern, welche der Bauer selbst erwählt, übertragen werden, wie z. B. die esthländische Ritterschaft festgesetzt hat. Uebrigens verlasse ich mich voll Vertrauen sowohl auf den menschenfreundlichen Eifer der gesammten Ritterschaft, als auch auf Sie, und verbleibe Ihr wohlgewogener Alexander.
St. Petersburg, 24. December 1802."

Unmittelbar nach Empfang dieses Schreibens übersandte Landrath v. Sivers dem Kaiser 12 Bemerkungen „zur Verbesserung des gedrückten Zustandes der livländischen Bauern."[1]

Dieselben enthielten im Wesentlichen folgende Forderungen:

1. Der Bauer darf nicht vom Boden getrennt werden, ausser auf gerichtlichem Wege.[2]

2. Der Bauer darf in keinem Falle ohne Land veräussert werden.[3]

3. Die Leistungen sollen absolut gemessen sein.[4]

4. Ein Theil der gutsherrlichen Rechte geht an die Bauergemeinde über.[5]

5. Festsetzung der bäuerlichen Rechtspflege.[6]

---

[1] Vgl. v. Samson, Hist. Versuch, pg. 96.
[2] Punkt 3.
[3] Punkt 1. Der Ausdruck „Erbmensch" soll überhaupt nicht mehr gebraucht werden.
[4] Punkt 2.
[5] Das Recht Rekruten zu stellen (Punkt 4); Abgabe eines lasterhaften Subjekts zur Zwangsarbeit (Punkt 7).
[6] Organisation von Kirchspiels-Gerichten mit bäuerlichen Beisitzern (Punkt 8). Die zweite Instanz mit bäuerlichen Beisitzern wäre das Ober-Kirchenvorsteher-Gericht (Punkt 9); dritte Instanz: das Landraths-Kollegium, der Landmarschall und zwei Kreisdeputirte; vierte Instanz: der Senat. (Punkt 10.)

Kaiser Alexander antwortete auf dieses Memorial beistimmend und trug Herrn v. Sivers auf, dasselbe dem Landtage vorzulegen.[1]

Am 17. Februar 1803 wurde der Landtag eröffnet, einer der wichtigsten, zu welchem sich je Ritter- und Landschaft versammelt hatten. Ungewöhnlich zahlreich war der Adel erschienen, galt es doch eine der vornehmsten Fragen zu berathen. Die Geschichte dieses denkwürdigen Landtags ist ausserordentlich interessant, kann aber hier nicht näher berührt werden.[2] Es genügt, wenn wir wissen, dass der Landtag zu den stürmischsten gehört, welche Livland erlebt hat, dass die reaktionäre Opposition alle Hebel ansetzte, um die Agrar-Reformen zu hintertreiben und dass ihrerseits die Liberalen, an ihrer Spitze Sivers, die grössten Anstrengungen machten, um den Widerstand der Reaktion zu brechen. Dank der energischen Vertretung ihrer Interessen und Dank der Theilnahme, welche Kaiser Alexander dem Zustandekommen der Bauernordnung zeigte, trug die liberale Partei schliesslich einen vollständigen Sieg davon.

Am 30. März wurde der Landtagsschluss, „betreffend die Verbesserung des Bauernstandes", dem General-Gouverneur Fürsten Galizin zur Unterbreitung allerhöchsten Ortes zugestellt.[3] Kaiser Alexander übergab die Verordnung einem Komite, bestehend aus zwei Senateuren und zwei Landräthen, unter dem Vorsitze des Ministers des Innern.[4] Im August 1803

---

[1] am 30. Januar 1803.

[2] Vgl. Landtags-Rec. von 1803, Vol. XXVIII. Ferner: W. v. Bock Livl. Beitr. N. F. I. 1. pg. 153 ff. — Merkel, Die freien Letten etc. pgg. 197—211. - v. Samson, pg. 98. — J. Eckardt. Landtagsgesch. Balt. Mon. 1870. pgg. 146—154.

[3] Sub N. 55 vgl. Res.-Rec. v. 1803. Vol. XLVI. pg. 144.

[4] Minister des Innnern: Graf Kotschubei, Senateure: Kosodawlew und Graf Stroganow, Landräthe: v. Anrep und v. Buddenbrock. — Namentl. Reskr. vom 11. Mai 1803. Reskr. des Gen.-Gouv. v. 18. Mai. (Translat. in Vol. IX der obrigkeitl. Verordn. N. 123 u. 119.) Res.-Rec. v. 1803. Vol. XLVI. pgg. 81, 91 ff. Reskr. des Gen.-Gouv. v. 15. Juli. (Vol. IX der obrigkeitl. Verordn. N. 137, pg. 120.) Res.-Rec. von 1803. pg. 131.

eröffnete diese Kommission ihre Arbeiten und übergab im Februar 1804 dem Kaiser die Vorlage der Bauerverordnung, welche dieser am 20. Februar bestätigte.

Die Bauerverordnung von 1804[1] basirt in allen wesentlichen Punkten auf dem Landtagsschluss von 1803 und kann füglich als ein Produkt dieses Landtags gelten. Wie schon früher gesagt worden ist, gab es 3 Klassen der bäuerlichen Bevölkerung, die in socialer Hinsicht von einander geschieden waren, die Bauerverordnung von 1804 machte auch in juristischer Beziehung eine Unterscheidung, und zwar unterschied sie zwei Stände: die Ackerleute oder Bauern, und die Hofesleute.

Betrachten wir zuerst den Stand der Ackerleute und sehen wir, welche Rechte und Pflichten ihnen durch das Gesetz von 1804 ertheilt werden.

Zur besseren Uebersicht des etwas verwickelten Stoffes soll hier dieselbe Anordnung angewandt werden, wie bei den Bauerverordnungen der neunziger Jahre; es sollen die drei wichtigsten Momente, in denen sich das Hörigkeitsverhältniss reflektirt, Besitz, Leistungen und Person, nach einander untersucht werden.

A. Die Ackerleute.

1. Besitz.

Der Bauer ist glebae adscriptus und darf ohne seine Einwilligung nicht von einem Gute auf das andere versetzt werden,[2] ebensowenig darf er ohne Land veräussert werden.[3] Der Bauer kann Eigenthümer seines Hofes sein, oder aber denselben als Erbpächter besitzen.[4]

Der Bauer darf nicht willkürlich aus seinem Gesinde

---

[1] „Unterlegung an S. K. Majtt. von der zur Untersuchung der livländischen Angelegenheiten niedergesetzten Komité" a. a. O. Abgedruckt bei H. Storch, „Russland unter Alexander I." Histor. Zeitschrift. Bd. III, St. Petersburg u. Leipzig. 1804. Lieferung 8 und 9. In extenso: v. Samson, Versuch. pg. 103.
[2] § 4 und 6.
[3] § 5.
[4] §§ 4, 17, 31, 32.

vertrieben werden;¹ geschicht dieses auf rechtlichem Wege, so fällt das Gesinde an seine Erben.² Beim Bauernlegen gelten die Principien des Landtagsschlusses von 1797. Das Einziehen von Bauerngesinden ist nur in zwei Fällen gestattet: 1. Wenn das Verhältniss der arbeitsfähigen Bevölkerung des Gebietes zur Ausdehnung des Hofeslandes (scil. des Rittergutes) es gestattet; und zwar muss der Gutsherr beweisen, dass zur Hofessaat noch nicht 2 Lofstellen auf einen täglichen Arbeiter mit Anspann kommen. 2. Falls nachgewiesen werden kann, dass auf dem Gute keine unkultivirten Ländereien sind, die zum Ackerbau taugen.³

Sind diese Bedingungen erfüllt, so kann der Gutsherr den Bauer aussetzen, muss ihm aber alle Meliorationen vergüten, die ganze noch nicht eingesammelte Ernte bezahlen, und der Grösse seines Landes gemäss eine Art Schmerzensgeld geben.⁴

Ferner hat der Bauer, ausser dem Anrechte auf sein Gesinde, ein Nutzungsrecht an den gutsherrlichen Wäldern, falls ihm kein Wald zugetheilt worden ist,⁵ ein Recht auf Unterstützung durch seinen Herrn, wenn er auf neues Land gesetzt wird,⁶ und schliesslich ein uneingeschränktes Eigenthumsrecht an Mobilien und Immobilien.⁷

¹ § 42. Nur, wenn seine Schulden den doppelten Werth seines Landes übersteigen (§ 40), und wenn er gerichtlich für unfähig zur Bewirthschaftung des Gesindes erklärt wird (§ 41).
² und zwar an den ältesten und, falls dieser vom Bauerngericht für unfähig erklärt wird, an den nächstfolgenden Sohn u. s. w. Erbrechtlich gilt, dass derjenige Sohn, welcher das Gesinde antritt, das sog. eiserne Inventar erbt (§ 45), der übrige Nachlass wird unter die andern Erben vertheilt (§ 47).
³ § 33. Ferner § 34—36.
⁴ § 36. Für je einen Thalerwerth an Land 2 Rbl. S. Der Haken hatte nach der Verordnung von 1804: 80 Thlr. (§§ 57, 58), ein Viertelhäkner hatte also ungefähr 20 Thlr. Land, bekam also, wenn sein Gesinde eingezogen wurde, eine Extravergütung von c. 40 Rbl. S.
⁵ § 72.
⁶ § 68. Wenn er seine ganze Einrichtung vom Gutsherrn bekommen hat, so leistet er 6 Jahre hindurch, von der ersten Ernte an gerechnet, nur ²/₃ seiner Prästanden; hat er sich aber mit eigenen Mitteln etablirt, so geniesst er 6 Freijahre (§ 70); im Uebrigen freier Kontrakt (§ 71).
⁷ § 43.

2. Leistungen.

Die Leistungen können bestehen in Frohne und in Abgaben von Naturalien oder Geld; sie sind vollkommen gemessen und haben ein genau bestimmtes Verhältniss zu der Grösse und dem Werthe des Gesindes.[1] Die Taxation der Gesinde findet nach der schwedischen Methode statt;[2] die Taxe wird nie erhöht, wodurch dem Bauer alle Meliorationen zu Gute kommen.[3] Als Revisionsmass bleibt der Haken; derselbe muss mindestens 10 arbeitsfähige Männer und ebensoviel Weiber haben.[4]

3. Person.

Die Patrimonialgerichtsbarkeit des Gutsherrn beschränkt sich auf die Hauszucht über die zur Arbeit kommenden Fröhner (und Hofesleute),[5] und ist genau bemessen.[6] Die

---

[1] § 2 und 3.
[2] §§ 54—58, 60—67.
[3] § 37.
[4] § 58. Die Gesinde werden vom Bauerngerichte besetzt (§ 59).
[5] §§ 77 und 78.
[6] „Die Strafen können bestehen: 1) in Verhaftung bey Wasser und Brod, doch nur auf kurze Zeit, höchstens zwey Tage, u. in einem der Gesundheit nicht nachtheiligen Orte, 2) in einer Bestrafung mit nicht mehr als 15 Stockschlägen oder mit Kinderruthen." Vgl. § 135.
— Diese Strafen können in folgenden Fällen angewandt werden: 1) Wenn Hofesleute oder auf Hofesarbeit befindliche Gesindesleute durch Trunkenheit oder andere Ausschreitungen die Ruhe des herrschaftlichen Hauses stören, oder dem Gutsherrn dadurch Schaden zufügen; 2) wenn sie durch Grobheit oder Ungehorsam die dem Gutsherrn gebührende Achtung verletzen; 3) wenn bey nachlässiger Erfüllung der Arbeit der Gutsherr es für nothwendig findet, sie zur gehörigen Erfüllung ihrer Arbeiten zu zwingen. (§ 136.) Die Strafen für die Gutsherrn, die ihre gutsherrliche Gewalt missbrauchten, waren folgende:
Bei Bedrückung: I. Mal: doppelter Ersatz u. Kosten.
II.   „   „   „   „   „   u. 100 Rthlr. Alb.
III. „   „   „   „   „   „ 200   „   „
IV.   „   „   „   „   „   „ 300   „   „
Bei tyrannischer Behandlung von Bauern wird das Gut des betr. Gutsherrn unter gerichtliche Verwaltung gesetzt und er selbst dem Kriminalgerichte übergeben. (§ 33.)

Gesindespflicht ist aufgehoben.¹ Das Heirathsrecht der Bauern männlichen und weiblichen Geschlechts ist unbeschränkt.² Das Recht der Rekruten-Aushebung geht vom Gutsherrn an die Bauerngemeinde über.³

Die rechtliche Lage der Bauern wird sehr verbessert; es giebt 3 Gerichts-Instanzen mit bäuerlichen Beisitzern:

1. Bauerngericht,⁴ nur aus Bauern zusammengesetzt, verhandelt Streitsachen zwischen Bauern; der Gutsherr hat eine berathende Stimme.⁵

2. Kirchspielgericht,⁶ mit 3 bäuerlichen Beisitzern, Appelations-Instanz und Forum für Streitigkeiten zwischen Gutsherrn und Bauern.

3. Landgericht,⁷ mit 2 bäuerlichen Beisitzern.

Die letzte Instanz in Bauernsachen ist das Hofgericht.

Dieses sind die Bestimmungen für den Stand der Ackerleute. Auch bei diesem Stande schälen sich zwanglos zwei Klassen heraus:

1. Die Bauernwirthe und 2. die Bauernknechte und Lostreiber. Erstere Klasse hat ein besseres Recht wie die zweite, abgesehen davon, dass sie sich social und materiell durch die Bestimmungen des festen Besitzes noch weit höher über dieselbe erhebt, als dies schon früher der Fall war.

Der Bauernwirth hat zwei wichtige Vorrechte: Er steht

---

¹ § 8.
² §§ 10—12.
³ §§ 50, 51, 53.
⁴ § 79—97.
⁵ Die Entscheidungen des Bauerngerichts werden dem Gutsherrn oder dessen Stellvertreter zur Bestätigung unterlegt. Falls dieselben Antheil an der Sache haben und Parten sind, können sie die vom Bauerngerichte verhängte Geld- oder Körper-Strafe herabsetzen; in allen andern Fällen aber haben sie kein Recht, den Spruch des Bauerngerichts abzuändern." (§ 90.)
⁶ §§ 98—117.
⁷ §§ 118—126.

nicht unter der Hauszucht des Gutsherrn[1] und ist vom Militärdienste befreit.[2]

Der Unterschied zwischen Bauernknecht und Lostreiber bleibt social bestehen; mit beiden beschäftigt sich die Bauerverordnung von 1804 noch speciell. Es wird festgestzt, dass die Revisions-Kommission[3] das Verhältniss zwischen den Bauernwirthen und den verheiratheten Knechten in Betreff der Löhnung regeln solle;[4] und für die Lostreiber wird folgende Bestimmung getroffen:[5] Man soll versuchen, die Lostreiber „zum Ackerbau zurückzuführen" und sie womöglich auf „abgetheilte Ländereien" setzen, oder aber sie als Knechte auf Bauerngesinde thun; wenn Beides nicht angeht, kann sie der Gutsherr auf dem Rittergute als Arbeiter verwenden (wobei das Kreisgericht den Lohn bestimmt), oder sie nach freiwilliger Uebereinkunft gegen Obrock (Zins) nach Städten und Dörfern „ablassen". Kann man Lostreiber weder als selbständige Ackerbauer noch Bauernknechte unterbringen, so sind sie verpflichtet, dem Gutsherrn Frohne zu leisten.[6]

B. Hofesleute.

Den zweiten Stand der bäuerlichen Bevölkerung nach der Bauerverordnung von 1804 bilden die Hofesleute, die in zwei Klassen zerfallen: 1. solche, die livländischen adeligen Gutsherrn, und 2. solche, die dem unbesitzlichen Adel und Personen anderer Stände gehören.[7]

---

[1] § 138.
[2] § 51. Ausser wenn der Militärdienst gerichtliche Strafe ist.
[3] Die Festellung der Wackenbücher nach der schwed. Taxationsmethode erforderte eine umständliche Revisions-Arbeit, für welche eine besondere Kommission ernannt war.
[4] § 18.
[5] § 75.
[6] Der Mann: einen Tag zu Fuss wöchentlich das ganze Jahr hindurch; das Weib: einen Tag zu Fuss wöchentlich von St. Jürgen bis St. Michael. Ferner muss letztere im Winter „auf eigen Brod" 4 Pfd. Flachs oder Wolle resp. 5 Pfd. Hede spinnen. § 75 (4).
[7] Sie werden in besonderen Listen (bei den einzelnen Gütern) angeschrieben. Klasse I wird durch die Kreiskommission ausgemittelt, Klasse II aus den Seelenverzeichnissen des Kameralhofes. (§ 20—22.)

Erstere können ohne Land vererbt aber nicht verkauft werden;[1] letztere können einmal verkauft werden und zwar nur an livländische Gutsherrn, damit sie in die erste Klasse aufrücken können,[2] auch dürfen sie vererbt werden.[3] Im Übrigen besitzen die Hofesleute sämmtliche Rechte wie die zweite Klasse des Standes der Ackerleute,[4] nur dass sie naturgemäss durch ihre dienstliche Stellung mehr in der Gewalt ihrer Erbherrn stehen.[5]

Der Gegensatz zwischen den beiden Ständen, welche die Bauerverordnung in der bäuerlichen Bevölkerung unterscheidet, ist demnach — theoretisch — ein nicht unerheblicher. Die Ackerleute sind glebae adscripti, die nicht von der Scholle getrennt werden dürfen, die Hofesleute dagegen sind Hörige, die ohne Land veräussert werden können, wenn auch nur in sehr beschränktem Masse. Der Uebergang aus einem Stande in den andern geschieht durch freiwillige Uebereinkunft zwischen Gutsherrn und Bauern.[6]

Rekapituliren wir noch einmal die Errungenschaften der, durch die kaiserliche Unterschrift vom 20. Februar zum Gesetz erhobenen, Bauerverordnung von 1804, so ergiebt sich Folgendes:

Es giebt zwei rechtlich von einander geschiedene bäuerliche Klassen: Ackerleute und Hofesleute. Erstere sind an die Scholle gebunden, dürfen dieselbe nicht eigenmächtig verlassen, dafür aber auch nicht ohne ihre Einwilligung von

---

[1] Sie können auch unter Erben vertheilt werden (§ 23), aber nur unter Geschwister und in absteigender Linie; „wenn diese Linie ausstirbt, kehren die Hofesleute, falls sie nicht freygelassen worden, zu demjenigen Gute zurück, zu welchem sie laut des durch die Revisions-Commissionen ausgefertigten Verzeichnisses gehören." (§ 27.)

[2] § 25.

[3] § 26.

[4] Heiraths-Recht (§ 28), Besitz-Recht (§ 29), Rechtspflege (§ 30).

[5] Hauszucht (§§ 77, 78). Ferner: Das Bauerngericht kann keine Hofesleute zu Rekruten abgeben, dagegen steht es dem Gutsherrn frei, einen seiner Hofesleute an Stelle eines Bauern unter die Soldaten zu stecken. (§ 52.)

[6] §§ 6, 8, 24, 25.

derselben getrennt werden. Für den Besitz ihres Hofes leisten sie dem Gusherrn Frohndienste und Natural- resp. Geldabgaben.[1] Die Leistungen entsprechen gesetzlich dem Werthe und der Grösse des Gesindes und ruhen als dingliche Last auf dem Bauernhofe; die Person des Bauers hat im Principe mit denselben Nichts zu thun. In Bezug auf die rechtliche Stellung ihrer Person sind sie der direkten Gewalt ihres Gutsherrn entrückt, sie haben keinen Zwangsgesindedienst und keine Heirathsunfreiheit — der Bauernwirth unterliegt nicht einmal der Hauszucht — im Uebrigen haben sie ein volles Klagerecht gegenüber ihrem Gutsherrn und ein Anrecht auf seine Unterstützung.

Die Hofesleute dagegen können (in beschränkter Weise) veräussert werden, haben aber sonst Besitz-, Heiraths- und Klagerecht. Das Verhältniss zwischen ihnen und ihren Erbherrn erhält einen ausgesprochen patriarchalischen Charakter, insofern, als die Hofesleute stets bei einer Familie bleiben, im schlimmsten Falle an das Rittergut, von dem sie stammen, zurückfallen.

Ein Uebergang aus einer Klasse in die andere geschieht, wie gesagt, durch freiwillige Uebereinkunft zwischen Gutsherrn und Bauern.

Diese Zustände waren der Erfolg der Reformbestrebungen Friedrich v. Sivers' und seiner Gesinnungsgenossen. Das Jahr 1804 bildet einen wichtigen Zeitabschnitt in der Agrargeschichte Livlands, einen Schlusspunkt in der logischen Kette der Entwickelungen auf dem Gebiete der Agrargesetzgebung. Die Bauerverordnung von 1804 hat in Livland die Leibeigenschaft aufgehoben und durch eine milde Gutsunterthänigkeit ersetzt. —

Es gehört nicht zur Aufgabe dieser Arbeit,[2] einen Blick

---

[1] Gesetzlich stand einem Übergange von Frohnwirthschaft zu Geldpacht Nichts im Wege.

[2] Für die Weiterentwicklung der gutsherrlich-bäuerlichen Verhältnisse sei hier auf die verdienstvollen Arbeiten von A. Tobien „Zur Geschichte der Bauernemanzipation in Livland" Balt. Monatsschrift 1880,

in die Zukunft livländischer Agrar-Reformen zu werfen: auf die Ertheilung der Freizügigkeit an die Bauern durch den Landtag von 1818, auf die vielfachen schweren Irrthümer, in denen sich die Agrar-Politik bewegte, auf die gewaltigen Anstrengungen, welche gemacht wurden, um die Folgen dieser Irrthümer zu paralysiren und schliesslich den gedeihlichen Zustand herbeizuführen, in welchem sich jetzt der livländische Bauer befindet. Alles das gehört einer neuen Zeit an, mit anderem historischen Hintergrunde, mit anderen Ideen, Anschauungen und Sitten, als das „philosophische" Jahrhundert.

---

pgg. 273—303, und „Beiträge zur Geschichte der livl. Agrargesetzgebung", Balt. Monatschr. 1881 pgg. 699—731, 1882 pgg. 81 bis 110 und 370—408 — verwiesen, welche die Agrargeschichte des 19. Jahrhunderts in anschaulichster Weise behandeln.